我在日本做公務員

我在日本做公務員

RORO 著

香港中和出版有限公司
www.hkopenpage.com

推薦序一

這個國家有許多波瀾不驚的「美莎子」

大約三年前，我在關西漢語角第一次見到高璐璐。

說是第一次，其實也是至今為止唯一的一次。因為第二年她就回國了。

關西漢語角是我和幾位熱心於中文學習的日本朋友一起辦起來的一個免費的中文交流場所。每月第三個星期六下午舉辦一次中文交流活動。漢語角最開始的地點在大阪市中心的櫻之宮公園，後來轉移到了靠近大阪天滿宮的三丁目咖啡店。

三丁目咖啡店是個已經有 50 年歷史的咖啡店。店堂不大，至今仍然保持着懷舊的昭和風格，作為一家有點年紀的咖啡店，顯得有些陳舊。大約因為這個緣故，坐在咖啡店裡的高璐璐給我印象深刻。因為咖啡店裡略帶昏暗的光線，令她年輕的臉顯得特別白皙。

高璐璐告訴我她在位於神戶的兵庫縣廳做國際交流員。兵庫縣北接日本海、南接瀨戶內海。南部工廠林立，北部水產豐盛，其過疏與過密，被稱為「日本的縮圖」。兵庫縣廳所在地神戶，是一個依山面海的港口都市。在其他任何城市的指路牌，一般都是「向左」和「向右」，而只有神戶的指示牌會寫成「向山那邊」和「向海那邊」。

這是神戶人最為傲嬌的地方：依山面海的神戶，氣候宜人、風景獨佳。幾乎條條道路都是充滿文藝氣息的長長斜坡。沿斜坡向上走，就是「山那邊」，沿斜坡向下走，就是「海那邊」。所以，對於日本關西人而言，最為理想的生活模式，是在大阪工作，去神戶安家。至於京都，那是遊客們去的地方。

除了依山面海的神戶，兵庫縣還有許多明星都市：例如著名的寶塚市，因為實業家小林一三創辦的寶塚歌舞團，而成為近代日本大眾文化的發祥地；因為「漫畫之神」手塚治蟲的存在，寶塚市也是日本漫畫文化的先驅地；此外，同樣屬於兵庫縣的西宮市與蘆屋市，是著名作家村上春樹多年生活成長的地方，一直到 19 歲考入早稻田大學之前，村上春樹的人生記憶，都圍繞着兵庫縣的這兩座富饒的都市而展開。而除此之外，兵庫縣還擁有全日本最潔白最美麗的城堡 —— 世界遺產姬路城。

在這樣的兵庫縣做國際交流員，想必是愉悅而舒展的。此外，雖然我在日本已經生活了 20 年，去過日本許多地方，也早已熟悉日本的生活，但對於國際交流員的工作一無所知。因此，當我閱讀這本《我在日本做公務員》時，內心是充滿了好奇的。雖然書裡談及到的許多內容，例如日本學校的午餐、日本的忘年會，以及日本社會無處不在的儀式感，這些都早已習以為常，但由在日本做過一年公務員的高璐璐講述出來，依舊令人充滿了新鮮感。這很令人感歎：原來，換一個人，換一個角度、換一種視線，去看你以為自己早已熟悉的生活，依舊會有許多的不一樣，依舊會有許多尚待挖掘的地方。

　　書裡有一篇文章──《有一種幸福叫美莎子》，非常值得一提。在澳大利亞生活過 8 年、能說一口流利英語的美莎子，是一位年輕的單身母親，她白天在縣廳工作，晚上則去上夜間大學，還一個人照顧 7 歲的女兒，工作育兒兩不誤。美莎子不知疲倦地忙忙碌碌，毫無抱怨，充滿熱情地將日子的每一個角落都填充得豐富殷實，給人小確幸的愉悅感。這樣的美莎子，令高璐璐感歎。

　　其實，美莎子這樣的日本女性，在日本並不屬於特殊的存在。例如我們每月舉辦漢語角的三丁目咖啡店的老闆娘，就是一位「美莎子式」的大阪女子。不僅獨自打理父親創辦的咖啡店，還將兒子一手撫養成人，並且在工作和生活之餘，還會去積極參加各種義工活動。在咖啡店打工的一位女大學生，看起來羞怯小巧的日本女孩子，卻曾經兩次前往伊拉克難民營做義工。日本女性並非我們想像的那樣柔弱，這個國家有許多的「美莎子」潛伏在人群中，她們波瀾不驚地面對一切幸與不幸，如果不靠近她們，你永遠無法了解她們。就像如果沒有在日本生活過，就永遠無法看到日本真實的一面那樣。

　　當然，即使你在日本生活，也永遠只能看到自己所能看到的、自己所認為真實的那一部分。沒有人能夠真正看清楚全部。而這正是生活的魅力所在，也正是日本永遠值得我們探討的地方。

唐辛子

令和元年五月三日於大阪

推薦序二

　　高璐璐是我指導的碩士研究生，2010 年公費考入廣州中山大學外國語學院，專攻日本近代文學。中山大學綠樹紅牆，充滿了人文氣息。在我印象裡，她是個學習認真、聰慧溫柔的女孩子，熱愛文學，對文字頗為敏感，很有自己的想法。

　　我當時擔任中日比較文學課，在課堂上和學生們討論中日文學理論和作品等，也思考如何在東西方語境中加強東方文學文化的對話力度。高璐璐的碩士論文圍繞日本純文學大獎芥川獎獲獎作品展開研究。在論文寫作期間，她進行了大量的相關閱讀，從中梳理信息，提煉觀點，勤奮程度可見一斑。期間，她到日本福岡大學交換留學，又得到日本名師的指導，拓寬了視野，後以優異的成績畢業並獲得了日本文學碩士學位。

　　她畢業後去了一所大學任教，並負責該校日語專業的組建，從無到有。初生牛犢不怕虎，她依然勤奮敬業，帶着六七名年輕的日語教師拚搏，為所在學校日語專業的發展盡心盡力。工作兩年後，她順利地晉升為講師，還出版了兩本譯著 —— 日本作家朱川湊人的《輓歌》和《明日綻放的花蕾》，實在難能可貴。作為她的碩士導師，我深感欣慰！

　　有一天，她告訴我申請了日本的 JET 項目，並已辭去教職。她覺得自己的知識儲備還不夠，想對日本有更深的了解，決定赴日體驗。JET 項目是日本外務省為促進日本國際化交流而開展的活動，參與者多在政府部門從事外事交流工作。高璐璐當時被派到兵庫縣廳，工作地點在神戶，那是一個宜居的海濱城市。

　　她利用在神戶的時光，堅持記錄自己的經歷和體驗。她發佈在朋友圈的文章，我用點讚的方式給予支持，希望她保持下去。

　　後來她又給了我一個驚喜，她說當時寫下的那些文字集結成了書稿《我在日本做公務員》，並將在香港中和出版有限公司出版，請我為她作序。

　　我彷彿又看到了當年那個在中大校園裡念書時的高璐璐，善於觀察身邊的人和事，心思細膩，感情豐富，文筆雋秀；我也看到了更加成熟的高璐璐，突破自己的小世界，投入到更廣闊、更精彩的大舞台，對許多社會和歷史問題有了自己獨特的看法，並以自己的方式為中日之間的交流盡綿薄之力。

　　書中圍繞她在兵庫縣廳國際交流課的工作展開，從職場的電話寒暄，到年底的忘年會，從辦公室場景，到辦公效率問題，從身邊的日本同事，到她在日本學校接觸的小學生們，每一個細微的人事都被她訴諸於筆端，寫得真實細膩。

　　我切身地感受到近年來的赴日旅遊熱潮，但寫旅遊觀光的文字多，鮮見寫日本職場，尤其是日本政府職場的文章。可以說高璐璐的文章為需要深入了解日本的讀者，提供了另一種鮮活的視角。從

這個意義上講，這部作品的價值值得肯定。我曾經問過高璐璐一個問題，問她從大學辭職後想做甚麼。她當時的回答是，想做一些促進中日交流的工作。

她當時可能只是有一個模糊的想法，但她並非說說而已。如今這本《我在日本做公務員》就是她給我的確切回答。但我相信，這絕非她的最終答卷。我長期從事日本文學研究工作，深感中日之間需要加深相互了解。其中，民間交流不可小覷。

如今赴日旅行越來越方便了，希望大家去日本時，不只是享受那裡的美食或溫泉，也可以跟隨這本書，細心感受那裡的風土人情。

邱雅芬

2019 年 5 月 29 日

於北京通州燃燈塔下

前 言

我在日本做了一年「公務員」,從 2016 年 4 月到 2017 年 4 月。

但這並非準確意義上的公務員,因為我沒有東瀛國籍,也沒參加日本的公務員考試,而是有機會以公務員身份進入日本的兵庫縣廳國際交流課,體驗了日本政府部門的工作。

說到這個機會,不得不提日本在 1987 年啟動、1992 年開始在中國首次實施的 JET 項目 —— Japan Exchange and Teaching Programme,也是日本地方自治體為推進地區的國際化聘請外國青年的項目。參加者通過參與地區間的國際交流活動、在學校教授外語等工作,加強地區間的各種形式的交流。

參加者的職業種類分為三種:在各地區從事國際交流活動的國際交流員(CIR),在小學、初中及高中從事外語指導的外語指導助手(ALT)以及在各地區從事國際體育交流活動的體育國際交流員(SEA)。

英語圈國家的參加者多為 ALT,被派往日本全國各地中小學校,部分作為 CIR 在各級地方政府工作;而來自非英語圈國家的參加者基本擔任 CIR,其中中國交流員佔了相當大比重。我在日本的時候,中國共有 68 位現任 JET 青年,CIR 有 63 人,ALT 有 5 人。

SEA 因對技能有特殊要求是項目中的極少數存在。

無論哪一類工作，所有參加者的身份都是地方特殊公務員，受雇於日本地方自治體，任期通常為 1 年，但雙方達成一致時也可續約，最多續約兩次。

2017 年，我沒有續約，與同期外派的 CIR 一起回國，大多數社會公募的中國 CIR 繼續留在自己的任職單位，為點滴中日友好做着努力。

外派與社會公募是 JET 項目在中國區的選拔方式。外派是通過中國外交部推薦參加招聘，多為各省市級對外辦公室選派，也有高校派遣的日語教師。社會招募是通過日本國駐華大使館實施公開選拔，除了要求的日語水平，也會從學歷、工作經歷等方面作綜合考核。

當 4 月新一批 JET 合格者赴日開展新工作時，下一年度的選拔會在 12 月初拉開帷幕。一批又一批懷着促進兩國友好之理想的青年，經過報名、書面審查、面試筆試等層層篩選，在 JET 的道路上交接着。

回想起當時拿到錄用通知，看到派遣地為「兵庫縣」，還未能明白為何被派去了非任何一個「志願派遣地」的地方。後來才清楚，CIR 的赴任地通常以兩國友好城市為基準。兵庫縣與廣東省和海南省是友城，又恰好我來自廣州，順其自然地被分去了兵庫縣廳。

經過了北京和東京的短期培訓後，在期待與不安之中，我搭乘新幹線到達神戶，開啟了接下來一年的公務員之旅。

目　錄

世界很大，世界也很小

只有看得多，才活得更溫柔

友好交流，任重道遠

廣東省的友城是兵庫縣

我大學開始學日語，但關於中日友好城市關係的認知，只停留在北京和東京。

當年留學去了福岡，才知道這個九州島上最繁華的美食之城，和我居住的廣州是友好城市。細想來挺門當戶對。

地理位置上，北上廣分別在中國的北、東、南，而狹長的日本，從東到西依次是東京、大阪、福岡。加上福岡與廣州都形成了獨特的地方文化。還有極其重要的一條是，兩座城市均以美食出名。「食在廣州」自不必說，以豚骨拉麵和明太子為代表的福岡，也是日本人眼中的美食之鄉。

如此一想，恍然大悟，原來友好城市的配對講求天時地利加人和。再去查找我們與日本已結交的友好關係時，一琢磨，頗有意思。

中日友好城市對照表（資料來源：中國日本友好協會）

日本	中國	締結時間
北海道	黑龍江省	1986 年 6 月 13 日
青森縣	吉林市	1984 年 9 月 1 日
岩手縣	昆明市	2013 年 11 月 14 日

日本	中國	締結時間
宮城縣	吉林省	1987 年 6 月 1 日
秋田縣	甘肅省	1982 年 8 月 5 日
山形縣	黑龍江省	1993 年 8 月 10 日
福島縣		
茨城縣		
栃木縣	浙江省	1993 年 10 月 13 日
群馬縣		
埼玉縣	山西省	1982 年 10 月 27 日
千葉縣		
東京都	北京市	1979 年 3 月 14 日
神奈川縣	遼寧省	1983 年 5 月 12 日
山梨縣	四川省	1985 年 6 月 18 日
長野縣	河北省	1983 年 11 月 11 日
新潟縣	黑龍江省	1983 年 8 月 5 日
富山縣	遼寧省	1984 年 5 月 9 日
石川縣		
福井縣	浙江省	1993 年 10 月 6 日
靜岡縣	浙江省	1982 年 4 月 20 日
愛知縣	江蘇省	1980 年 7 月 28 日
岐阜縣	江西省	1988 年 6 月 21 日
三重縣	河南省	1986 年 11 月 19 日
滋賀縣	湖南省	1983 年 3 月 25 日
京都府	陝西省	1983 年 7 月 16 日

我在日本做公務員

日本	中國	締結時間
大阪府	上海市	1980 年 11 月 21 日
兵庫縣	廣東省 海南省	1983 年 3 月 23 日 1990 年 9 月 28 日
奈良縣	陝西省	2011 年 9 月 2 日
和歌山縣	山東省	1984 年 4 月 18 日
鳥取縣	河北省 吉林省	1986 年 6 月 9 日 2017 年 11 月 26 日
島根縣	寧夏回族自治區 吉林省	1993 年 10 月 6 日 2018 年 10 月 15 日
岡山縣	江西省	1992 年 6 月 1 日
廣島縣	四川省	1984 年 9 月 17 日
山口縣	山東省	1982 年 8 月 12 日
德島縣	湖南省	2011 年 10 月 22 日
香川縣	陝西省	1994 年 4 月 22 日
愛媛縣	陝西省	2015 年 7 月 30 日
高知縣	安徽省	1994 年 11 月 8 日
福岡縣	江蘇省	1992 年 11 月 4 日
長崎縣	福建省	1982 年 10 月 16 日
熊本縣	廣西壯族自治區	1982 年 5 月 20 日
沖繩縣	福建省	1997 年 9 月 4 日

　　我所在的兵庫縣原本只與廣東省結好，1988 年海南建省，兵庫縣就同時對接中國兩個友好省份。兵庫縣的中國交流員，也輪流來自這兩個省。

但不是每個縣都有友好省份,有的可能是下屬市對應市級別的友城。如石川縣沒有友好省,但縣廳所在地[①]的金澤市和蘇州市是友好城市。值得一提的是天津和神戶,同為港口城市,在中日恢復邦交的第二年就締結了友好關係,也是中日外交史上第一對友城關係。縣廳需要國際交流員,日本市役所[②]也需要交流員。

來自中國哪裡,就會被派去相應的友城那裡。來自廣州的我,可能被派去廣州的友好城市福岡,也可能被派去廣東省的友城兵庫縣。

不是沒有例外。從同一批次的交流員派遣地來看,遵循友好省縣的原則上,也會出現中方友城沒有合適人選的情況,只能派遣非友城的交流員赴任;或者日本一些地方還未與中國建立任何友好關係,只能通過其他方面考慮如何派遣,但決定權不在我們,而是項目的主辦方 —— 簡稱 CLAIR[③]的法人組織。

這些是後來才知道的,每個人拿到錄取通知前,完全不知道自己將要去哪裡。可能是縣廳所在地的大城市,可能是地級市,當然,也有可能是連日本覆蓋率極高的便利店都難覓蹤影、電車一天一趟的地方。

然而,被分去大城市是否真的幸運,也未必,從後面大家彼此的生活工作便能窺探一二。

....

① 日本的縣廳所在地,相當於中國內地的省會城市。

② 日本的市役所,相當於中國內地的市政府。

③ CLAIR,日本國自治體國際化協會北京事務所的英文首字母簡稱,致力於加強與各國地方的緊密聯繫。

國際交流員做甚麼

國際交流員，簡稱 CIR，Coordinator for International Relations 的首字母縮寫。大家被地方公共團體聘用，從事國際交流活動，包括接待外國訪客、翻譯或監修外語刊物、舉辦活動時擔當翻譯工作、協助國際交流活動的企劃、立案及實施並提出建議等。

兵庫縣廳大樓外觀

　　拿我的工作內容來說，只要聘用單位有任何與中國相關的活動，上到外交會議，下到愛操心的大爺打電話來辦公室詢問北京的霧霾為甚麼這麼嚴重，都是我的直接工作。

　　但每個地方政府的政策不同，以及對華的親疏不同，使得每個在任的中國交流員的工作內容有些許差別。我每週要給縣廳職員上中文課，但不需要定期開中華料理教室。我所在辦公室有一位縣廳聘請的資深中文翻譯——淺田桑（為個人私隱考慮，文中人物採用化名），是知事的御用翻譯，每次陪同領導去中國友好訪問。雖說我的工作量少了很多，但沒有享受過其他交流員陪領導回中國出差順便一飽鄉愁的待遇。

　　政策不同影響工作內容，也決定每個地方政府有哪國的交流員。我所在的兵庫縣廳，除中國外，還有韓國、美國和澳大利亞的交流員，共四人。但據說此前並沒有澳大利亞人，有法國人。中韓美三國一直為常駐成員。其他地方政府，多的有七國交流員，少的只有兩國，可謂是各色各樣。

　　不同國家交流員的工作因語言不同，內容也不盡相同，我熟悉的是兵庫縣的情況。

　　英語是最重要的語言，使用英語的外交活動佔了大半以上，美國交流員 Jack 一人難以完成所有工作，辦公室配有知事御用的英文口譯及筆譯各一名，足見工作量之大。通常，Jack 只需負責筆譯的校對，口譯基本不用負責。但這不意味着他可以天天閒得在

Quora[①]回答「日語好不好學」、「有一個日本女朋友是甚麼樣的體驗」之類的問題。除了四個人一起外出參加學校訪問活動，他還負責兵庫縣內 ALT 的聯絡，處理他們生活工作上的問題。大多外教不會日語，也不懂與英語文化有天壤之別的日本文化，由此造成的誤解和矛盾成了 Jack 給我們說不完的段子。每個星期五，他利用午休的一小時開展英語角，參加者多是縣廳內部的公務員。他還客串當地電視台的一檔旅遊節目，主打兵庫縣的地方文化體驗，英日雙語推廣本地特色，希望更多人知道這裡不只有神戶牛肉。

　　來自澳大利亞的 LUI 也講英文，但為了資源的合理利用，這個姑娘不在縣廳上班，而是稍遠的 HIA[②]，解決交流協會也需要以英文為母語的交流員的問題。除了學校訪問，她負責聯絡與照顧英文研修生[③]，還有聯合國的相關工作。她和 Jack 也常常相互分擔外派的英語工作，比如政府相關的商業活動的外出翻譯，或者擔任學校裡英文演講比賽的評委。

　　和英文相比，韓語的使用範圍瞬間縮小。全部門只有一個人說韓語，韓國的工作，都是韓國交流員接手。無論韓國代表團來訪問知事，還是 boss 去首爾出差；也無論是每週一次的韓語課，還是翻譯旅遊宣傳手冊的韓語版，統統由這個叫閔桑的姑娘來處理。她已在這裡做到第三年，不僅是經驗最豐富的大前輩，也是我們當中最

① 由 Facebook 前雇員於 2009 年創辦的問答 SNS 網站。
② 兵庫縣國際交流協會的簡稱。
③ 指被派遣或交換赴日工作的人。

忙碌的一個。

　　而至於我，大概是相對不忙碌的一個。除了和三個小伙伴一起參與各種外交活動，也要接待來自中國的訪問團，以及友好學校交流的全程陪同和翻譯、每週一次的中文課、中文筆譯的校對，和頻率很高的學校訪問。

　　學校訪問是各地交流員最頻繁的工作。縣內學校有國際交流活動舉辦時，會向國際交流課提出申請派遣交流員，我們就作為母國代表到校與學生一起參與活動，或者擔任講師做文化講座，進而加深日本青少年對國外的理解。這是我最喜歡的工作之一。

　　每個縣都有地方特色的交流工作。如沖繩的交流員會偶爾陪同知事去台灣出差；金澤 ① 的交流員要帶着日本選手去大連參加馬拉松；香川縣 ② 的交流員要教市民們如何包餃了做臊子麵，因為她來

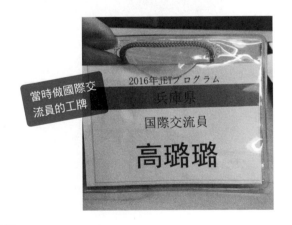

當時做國際交流員的工牌

---

① 石川縣的縣廳所在地，素有「小京都」之稱。

② 香川縣位於日本四國島的東北部。

自友城陝西；青森 ① 的交流員每年在蘋果季節和縣民們一起做蘋果大餐。大家平時互通有無，出謀劃策，互幫互助，也是身在異國他鄉的一抹溫暖。

為了讓交流員在日本的工作與生活更順利，每年 9 月和 11 月，主辦方 CLAIR 在滋賀縣 ② 與東京分別舉行短期培訓。

但無論坐辦公室，還是在外奔波，大家都希望用微薄之力，促進中日之間點滴的相互理解。這也是所有項目參與者的初心。

滋賀縣研修時，遇到了同一個大學畢業的校友。

① 青森縣位於日本本州最北端，蘋果是特產。
② 滋賀縣位於日本本州中部。

兵庫縣和神戶市傻傻分不清

即便不知道神戶在哪兒，很多人也聽說過神戶牛肉，傳說中牛肉中的 HERMES。

傳言神戶牛享受按摩聽着歌長大，怎麼也算是貴族牛了。託了它的名氣，神戶的知名度似乎不算太低。只是，名氣雖大，遊客稀疏……這是我來神戶工作後了解到的。

拿到工作通知時，看到「兵庫縣」，我翻出地圖確認了一下，是個在大阪旁邊的縣，屬於關西。連日語專業出身的我都有所疑惑，也難怪大多數人對它聞所未聞了。

日本的縣相當於中國的省份，神戶是兵庫縣的縣廳所在地。

很多縣的名字和縣廳所在地的名字一樣，比如福岡縣 [1] 和福岡市，廣島縣 [2] 和廣島市，長崎縣 [3] 和長崎市，京都府 [4] 和京都市，有

---

[1] 福岡縣位於日本九州最北端，明太子和豚骨拉麵最為出名。

[2] 廣島縣位於日本本州西邊，面朝瀨戶內海，縣內嚴島神社是日本三大景之一。

[3] 長崎縣位於日本九州最西部，是歷史悠久的港口。

[4] 日本的行政劃分為 1 都（東京都）、1 道（北海道）、2 府（京都府和大阪府）、43 縣。

些名字不一樣，但知名度高，比如北海道和札幌市。跟兵庫縣和神戶市一樣讓人迷惑的，還有愛知縣和名古屋市。名古屋綽號「豐田城」，聲名遠揚，上級單位愛知縣卻鮮為人知。

兵庫縣的人口、GDP，以及盛產美女的排行榜總是巧合地排在全國第七，但知名度就不一定這麼靠前了，完全沒有神戶市出名，偶爾也遇到極其尷尬的場面。有次參加活動，現場記者提問時，對着知事脫口而出：「我想問一下我們神戶縣……」好在翻譯及時糾正，否則知事一定要現場擦汗了，他本來就很懊惱：「我們兵庫縣不比大阪差啊，怎麼遊客就盡往大阪跑呢……」

雖說記者少了點專業性，但也間接反映出被稱為「日本縮影」的兵庫縣確實還有待大力宣傳。

這個暱稱是我赴任沒幾天，從當地人口中了解到的，語氣裡帶着掩藏不住的驕傲。

「縮影」一稱從何而來，得先看一看「日本的全景」。日本與我們一海之隔，但每個人都有自己的認知。

位於亞歐大陸東部的日本，領土由北海道、本州、四國和九州4個大島，以及周邊7200多個小島嶼組成，陸地面積約37萬平方公里。東部和南部為一望無際的太平洋，西鄰日本海、東海。這裡地處地震板塊，自然災害多發、自然資源匱乏，但工農業都很發達。從戰後五十年代開始，日本經濟開始高速發展，成為最先邁入發達行列的亞洲國家。儘管泡沫經濟後，處處唱衰「失去的20年」，但日本在軟實力上展現的「MADE IN JAPAN」影響不容小覷，茶道、

日料、漫畫、日劇、日本禪等「和式」文化影響全球。這座小巧精緻的島嶼，有 4 個自然遺產、18 個文化遺產，底蘊深厚，每年都吸引着越來越多的遊客。[①]

　　再看「日本的縮影」。兵庫縣北面日本海，南經瀨戶內海和淡路島，與太平洋相望，南北都靠海，有無與倫比的地理優勢。兵庫人在自己的地盤就能實現夏天享受海水浴，冬天享受滑雪和溫泉。交通位置也好，作為關西地區「京阪神」的組成單位之一，和京都、大阪實現了「一小時交通圈」，東上進京，西下九州，搭乘新幹線都能在 2 個半小時左右到達，南下穿過淡路島，直通四國。

兵庫縣的行政規劃
（資料來源：兵庫縣廳官方網站）

[①] 2018 年訪日外國遊客數為 3119 萬人，創歷史新高，連續 7 年增長。數字來源於日本國土交通省。

但兵庫縣的「地大物博」，在氣候與風土的差異上最有體現。縣內五大地區——攝津（神戶、阪神）、播磨、但馬、丹波及淡路，各有特色。

神戶、阪神及播磨地區的人口佔全縣 90% 以上，集中了鋼鐵、造船、機械等產業，重量級企業以川崎重工、神戶製鋼廠為代表；丹波、但馬、淡路地區山清水秀、自然優美，農林水產十分發達，除了世界聞名的神戶牛，丹波黑豆以及明石的海產也在日本國內美名遠播。可以說是一個工農業都很優秀的縣。

出色的地理位置、不弱的經濟實力之外，充滿魅力的文化底蘊給兵庫縣錦上添花。兵庫人最大的驕傲，是世界文化遺產之一的「姬路城」，碧空之下遠遠望去，藍白交映美不勝收。

縣廳所在地神戶也是充滿魅力的城市，這個早期開放的港口城市，有充滿異國風情的北野阪和舊居留地，洋氣程度可「假裝在歐洲」，同時，神戶也有日本三大中華街之一的「南京町」，中西交匯、完美相融。

全日本最出名的高中生棒球聯賽「甲子園」，場地就在兵庫縣的西宮甲子園，也因此得名；另一處名叫「寶塚」的小城因「寶塚劇場」[1]光環閃耀，這裡孕育了多位日本一線女演員，是個高貴的小城。

至於美食，神戶甜點在日本與神戶牛肉齊名，店舖多且水準

---

① 寶塚劇場，是寶塚歌劇團的表演場地，由阪急企業創始人小林一三創立的大型歌舞劇團，團員全部為未婚女性。

高，得益於神戶早期對外開放。兵庫縣的年均麵包蛋糕消費量常年穩居日本第一，對其愛之深可見一斑。

「なるほど」（意為「原來如此」）。在兵庫一地就能體驗到日本的方方面面，繁華與寧靜，經濟與文化，西式與中式，薈萃於一處，大有「兵庫歸來不看日本」的架勢。

日本的縣廳長甚麼樣

　　與擔當①到達神戶的第一天，距離下班時間僅有兩個小時，我拖着大小行李箱，天真地以為會直奔住處，卻被帶回了即將呆一年的辦公室。

　　大概是初次相見時過於疲憊，我完全沒有心思好好欣賞這棟40年的老樓，看起來確實沒那麼舊。後來副課長告訴我樓齡時，我有點吃驚。日本的樓，和日本的人一樣顯年輕嗎？

　　日本建築物保存之好的確令人讚歎，看看京都滿大街的千年古剎就心服口服。只是沒想到景區之外，住宅、寫字樓，都這麼乾淨整潔，說是新建也毫無違和感。

　　兵庫縣廳共有三棟大樓，1號館有40年歷史，2、3號館為新建，但外觀上看不出太大區別。直到後來開會去了年輕的3號館，摸到那厚實的木門，走在靜音地毯上，用了乾淨明亮上檔次的衛生間，才知道我每天出入的1號樓有多昭和風②。難怪同事第一天帶我參觀辦公樓時，就略帶歉意地提醒：「我們的廁所很舊哦，是

────────────────

① 擔當，日語，意為直接負責人。

②「昭和風」多用來形容過時，有年代感。

蹲便……」

　　政府部門不是購物商場，不必拚硬件。看地理位置就知道地位，兵庫縣廳離神戶商業中心三宮僅有一個地鐵站，步行只需十分鐘；北靠六甲山，山頂夜景是日本新三大夜景 ① 之一，南朝碧海晴空的神戶港，當真是進一步繁華，退一步寧靜。即便沒有氣派的大門，大樓本身已自顯莊重。

　　兵庫縣廳小小的感應門進出自由，沒有任何阻礙。門口的保安大叔和藹可親，盡職盡責地看門。閒來無事的大爺常常來的比公務員還早，坐在大廳椅子上看個晨間新聞，自由隨意。大樓頂層有政府食堂，對市民開放，不過出品不好，公務員們都不怎麼去。

　　大廳少不了諮詢台，無論甚麼疑難諮詢，前台的姑娘總是微笑

兵庫縣廳 1 號館大廳，有休息長椅，有定期更新的雜誌閱覽櫃。

----

① 當時日本新三大夜景是長崎夜景、神戶夜景、函館夜景，最新排名是長崎夜景、札幌夜景、北九州夜景。

日本的縣廳長甚麼樣

兵庫縣廳 1 號館
大門之一

電梯間貼的
樓層指引

着，給予力所能及的解答，然後告訴你去幾樓的辦公室處理。

電梯間貼的樓層指引裡，不同顏色代表不同的所屬「部」，下屬行政單位是「課」。業務較多的部門，會增設「局」，介於「部」和「課」之間。如我所在的國際交流課與經濟交流課屬國際交流局，又與觀光振興課，還有經營商業課同屬產業勞動部，標在淺藍色系裡。

有些部門的設置看起來很熟悉，但有些與中國有不小差異。名字比較有趣的是黃色系的企劃縣民部，其中的消費生活課、縣民生活課等解決百姓生活難題，女性青少年課、男女家庭課致力於推動日本社會當下亟待解決的晚婚晚育和少子化問題。雖然中國也有類似部門，但日本的名稱設置與分類耐人尋味。

辦公樓的電梯不大，最多容納十人，但不論人多人少，空氣都沉默到尷尬。到達 7 樓，踏着高跟鞋，「噠噠噠」的迴音蕩在狹長的樓道裡，走兩步就是國際交流課的辦公室。

門很有歷史感，從縫隙裡積滿的灰塵就能感受到。一進來，先和大家打聲招呼「早上好」，把包和外套放到個人專用置物櫃，開始一天的工作。

日本是個很會利用空間的國家，辦公空間也不例外，抬起頭看辦公室，總覺得滿滿當當，人、桌椅、櫃子、資料，塞滿了空間，絕不浪費一絲縫隙。

我身後有一排書櫃，就算是隔開了「鄰居」經濟交流課。整個房間全員將近 30 人，但經常有人出差有人開會有人會客，聚齊的日子不多。

好在不用經常聚齊，否則這個狹小空間感覺會缺氧，幾十年的資料塞滿了書櫃書架，好像它們也在耗氧。雪上加霜的是陳舊的中央空調常常不給力，夏天一到，大叔們都在襯衫口袋裡別一把摺疊小扇子，甩開的那一聲「唰」，常讓我聯想到穿着浴衣在榻榻米上喝茶的場景。

空間有限，只有課長和副課長的辦公桌獨立出來，方向和我們垂直，其他人拼桌辦公。

不止辦公區擠，茶水室也擠。局長有一間獨立辦公室，外面有一處2平方米大小的區域。擺放茶具的桌子一看就比我高齡。

30人共享一套辦公設備，常出現混亂，比如在打印機吐出來的資料裡翻半天，才找到自己的文件，有時候被人拿錯了，剛重新打印，又被送回來，有些浪費紙張。

最尷尬的是只能通過一個人的辦公室過道，每天要互謙互讓好多次，男士讓女士先走，下屬讓上司先走，空手的讓端咖啡的先走，但撞車事故還是不時上演。

在這裡呆了一年，我很少有機會參觀其他辦公室，不知道是否和我們的辦公室相似。偶爾樓道裡經過時悄悄瞥一眼，看到地上堆成小山的資料，有時需要跨步邁過去，才發現國際交流課的辦公室有多麼「大氣」。

在縣廳上班的都是公務員？

在日本居住，需要解決的事情不少，網絡、電視、居住證，要一個個辦理。每次填個人信息表格，在「工作」一欄寫到「兵庫縣廳」時，含蓄的日本人會忍不住在眼神裡露出幾絲驚歎，更有沉不住氣的，脫口而出：「在縣廳上班啊？好厲害！」

在他們眼中，在縣廳上班的都是公務員，拿着不菲收入和獎金，享受各種好福利。不過，這些和我這種臨時交流員沒太大關係。

剛開始我也以為除了幾個交流員，在這裡上班的日本人都是考試進來的正式公務員。沒過多久我就發現並非如此。

起因是入職沒幾天，我發現辦公室的同事似乎彼此不太熟，一打聽才知道，整個辦公室有一半的人，和我同期進入國際交流課。中國內地的公務員幾乎在一個辦公室可以呆到退休，幾十年的同事關係趕超家人。日本不同，每隔兩三年，正式公務員會從一個部門調到另一個部門。

有幾個職位更特殊，屬於合同工，坐在我斜對面的美莎子小姐就是如此。

準確來說，她還不算縣廳員工，是通過 CLAIR 面試進來的。

因為 JET 是 CLAIR 的項目之一，需要在縣廳安排一個職位，負責聯絡中間工作。

美莎子小姐的出勤也不一樣，開始我感覺她好像每週有一天缺勤，後來發現固定在每週二。不僅是她，辦公室最小的姑娘 —— 夏川藍，也是每週四固定缺勤。這才知道她倆是合同工，每週只需上班四天。除了主要工作，她們還負責辦公室的清潔等雜務，薪水按時薪計算，沒有福利。即便如此待遇，也最多只能做三年，合同期滿要另謀出路。今年恰好是小藍在縣廳的最後一年，常常聽她感慨着前途迷茫。

每個辦公室都有這樣的崗位，但交流課比較特殊的還有翻譯崗。一般說來，中國內地的外事辦有專門的翻譯組，是穩妥的鐵飯碗，絕不會簽合同工。但兵庫縣廳的翻譯崗就是合同工。

知事的常備翻譯人員只有兩位，中文和英文。中文翻譯淺田桑曾在北京留學五年，對中國很了解。我們倆在辦公室都用中文聊天。英文的使用範圍太大，所以有負責筆譯的中山桑，和負責口譯的宮澤桑。

中英之外的語種，有交流員就歸交流員承擔，如韓國的閔桑，和以前的法國交流員；如果是縣廳沒有的語言翻譯人員，就臨時在外聘用，找留學生或大學外語老師。我在的時候，常見到一位越南女生，每次有越南的訪問團來，都請她翻譯。

當然，最常伴知事身邊的還屬宮澤桑，其次是中國通的淺田桑，她們不僅出席各大會議，也跟着知事出國訪問。辦公室裡，局

長和課長都會兩三年一換，她們卻做了十年以上，比歷任課長還有經驗。每次人事調動來了新課長，還不熟悉外交流程時，都找宮澤桑了解情況，問她，比查甚麼資料都準確。

然而，即便有這樣的江湖地位，她們也不是縣廳的正式公務員，而是特殊的職位 —— 囑託員。所謂囑託員，是對有專長特長的人，採用高薪、短期的雇傭形式，日本的職業運動員就屬於這種工作性質。其實在政府部門和企業裡也常見，對公司來說，這種形式節省成本，還可以在不合適的時候隨時解約。但對個人來說，雖然工資高，但缺少長期的雇傭保證，還是難免充滿了危機感。

不過，知事的隨身翻譯相對穩妥些，找到合拍之人不易。做得越久，越吃香。外事活動的細節、領導的說話習慣，不全是技術活，靠的是經驗。哪怕年年更新合同，這些高級人才也不會輕易被更換，只要她們自己續約，別人就難有機會進來。但淺田桑悄悄吐露，所謂高薪是和社會平均工資相比，和正式公務員一比，就矮出一個亞洲人和歐美人的身高差。

所以在知事面前混了臉熟，也給不了內心的安全感。尤其是負責中文的淺田桑，中日關係熱一陣冷一陣，跟過山車似的，一年年的膽戰心驚。關係好壞直接掛鈎她的工作量和存在感呢。

鐵飯碗要不要

　　與我同期進入國際交流課的同事裡，大多數都從其他部門調任過來，只有一位姓橋下的男生是當年的本科應屆生，從鳥取大學[①]法律系畢業，參加了應屆公務員考試，最後通過考核，被分配到國際課，令其他小伙伴無比豔羨。奇怪的是，他沒有填報這裡，被人問起，總是一臉無辜：「我也不知道怎麼被分來了這裡……」令那些外語比他好、比他機靈的同級生無比懊惱頓足。

　　事實上，日本的公務員分配確實難以捉摸。

　　橋下外語一般，但考上日本的國立大學也算是學霸，又在競爭激烈的公務員考試裡過關斬將，說明學習能力之外的綜合素質達標。

　　橋下考取的兵庫縣廳屬於地方公務員，佔公務員總數的四分之三，國家公務員門檻更高。

　　日本對考公務員的學歷沒那麼高要求，高中畢業和碩士都有機會，但參加的考試不同。

① 位於西日本鳥取縣鳥取市，成立於 1949 年，日本國立大學之一。

国家系公務員の職種一覧

- 国家公務員総合職
- 国家公務員一般職（大卒）
- 国家公務員一般職（高卒）
- 東京都特別区
- 法務省専門職員
- 外務省専門職員
- 外務省専門職員
- 労働基準監督官
- 衆議院事務局(総合職・一般職/大卒)
- 衆議院事務局(一般職/高卒・衛視)
- 参議院事務局(総合職)
- 参議院事務局(一般職・衛視)
- 航空管制官
- 航空保安大学校学生
- 海上保安大学校学生
- 海上保安学校学生
- 気象大学校学生

国家公務員包含的職位
（資料來源：www. 公
務員の種類 .com）

職種区分	平均年齢	平均給料月額	諸手当月額	平均給与月額	平均給与月額（国ベース）	国家公務員		
						平均年齢	平均俸給月額	平均給与月額
全職種	42.8 (42.9)	341,745 (343,335)	87,000 (83,892)	428,745 (427,227)	383,839 (385,573)	42.5 (42.2)	340,946 (340,005)	409,644 (408,496)
一般行政職	43.3 (43.5)	334,379 (337,049)	87,482 (80,967)	421,861 (418,016)	377,625 (380,703)	42.3 (41.9)	327,205 (325,579)	397,723 (395,666)
技能労務職	47.8 (47.5)	319,086 (319,174)	64,757 (61,432)	383,843 (380,606)	357,370 (357,334)	49.5 (49.3)	283,862 (284,514)	321,662 (322,291)
高等学校教育職	44.9 (44.9)	386,442 (387,189)	61,795 (64,697)	448,237 (451,886)	424,830 (425,869)	—	—	—
小・中学校教育職	43.8 (43.9)	371,303 (372,202)	53,609 (56,346)	424,912 (428,548)	408,379 (409,305)	—	—	—
警察職	39.4 (39.7)	324,966 (325,926)	152,745 (143,157)	477,711 (469,083)	370,694 (371,475)	41.2 (41.3)	316,868 (318,139)	367,972 (369,610)

〈第7表 職種別平均給与月額（全地方公共団体、上段H23・下段括弧書きH22）〉 （単位：歳・円）

主な内訳

地方公務員和國家公務員的平均年收入（資料來源：日本總務省）

報考國家公務員的話，研究生和本科可以參加「綜合職」考試，錄用後就作為「精英」培養，不僅將鐵飯碗收入囊中，還能享受「無過即有功」的穩定條件，最高可升至「事務次官」，更高級別的由內閣任命，是鳳毛麟角的政治家；而高中畢業可以參加「一般職」考試，錄用後只能做些事務性工作，晉升速度和發展空間都極其有限。

報考地方公務員，就是我所在的兵庫縣廳等地方政府，需要通過地方公務員考試。地方公務員與國家公務員各司其職，前者主要服務自治體的居民，後者從事與全體國民相關的業務。

除了國家和地方公務員外，法律系、經濟系、公安系、教育系從業人員也屬於公務員行列。在日本，老師們一直與公務員平起平坐，也時常有教育崗和行政崗之間調換的情況。

除了仕途穩定，收入穩定不菲也是公務員的亮點之一。

做一名地方公務員，平均月工資是 33 萬日元，一年兩次的獎金另算。2014 年的新聞報道說，國家公務員的獎金是 69 萬日元，

即一年 138 萬日元，地方公務員沒有這麼高，但年收入拿到四、五百萬日元還是沒有問題的。

公務員與普通上班族相比，的確富庶一些，至少結婚不會有經濟壓力。之前在一個紀錄片中看到，通常女性希望另一半的年收入達到 400 萬日元，所以公務員結不了婚應該不是經濟問題了。但與那些一畢業就進入三菱商事、三井物產等大財閥集團，或者世界名企的同學相比，差距就顯露出來了。這些金領在 30 歲之後，一般年收入可達 1000 萬日元以上，薪資浮動也比公務系統可觀。

至於退休後的養老待遇，公務員比中小企業寬裕，但比不上大企業員工。公務員的年金（即養老金）由個人繳納的保險金和國家財政兩方面承擔，大企業員工通常還有自己的企業年金。

公務員除了兢兢業業地做好服務工作，還得以身作則。311 東日本大地震後，日本臨時搭建了很多救急住宅，公務員家庭要排到最後入住。

至於公款消費，更是沒有可能。即便和領導吃飯，也大多 AA，領導偶爾才出錢請客。幾年前東京都知事 —— 舛添要一，因為出差坐飛機頭等艙，又被爆料擁有私人豪宅，被拉下馬，事情鬧得滿城風雨，堪稱以身試法的典型案例。我來兵庫縣廳後也聽日本同事說過，這裡好幾年前有一個小小的貪污案，當事人直接被開除了，得不償失。在日本，比失業更可怕的是大家的眼光，失去信用是一件非常危險的事情。

　　為了保住手上的鐵飯碗，大家小心翼翼地盡職盡責，在納稅人面前保持着謙遜與恭敬的服務態度，重複着他們自己口中「平淡枯燥」的工作。

　　日本有夢想有抱負的年輕人，不再像上一代人那般熱衷於報考公務員，更願意去企業闖蕩一番，追求自己想要的人生。就像我和橋下聊天時，問他同齡人考公務員的多不多，他頗自嘲地說：「像我這種內向老實的人才適合做公務員，我很多同學都去企業啦！」

日本公務員的額外「業務」

今天敲電腦時又聽到了大叔那熟悉的慷慨激昂聲。

印象裡，這位60多歲的大叔來了好多次。每次來，他都指明找宮澤桑，知事的御用英文翻譯。每次都為了同一件事，找宮澤桑指導英語。

宮澤桑以前在美國留學，也在德國住過，經歷豐富，談吐得體。和她聊天很舒服。這大叔也喜歡和她聊天。

但志願者性質的工作，任誰也無法次次有耐心，正經工作還堆着呢。宮澤桑有空的時候，溫柔對應片刻；大多數時候，她從說話聲或腳步聲感受到此大叔靠近，就立即貓腰潛逃，或者避開大叔的視線範圍，以免成為目標。

在辦公室看不到宮澤桑，辦公室的後勤大姐——菊川女士，挺身而出硬着頭皮接待他。但大叔不領情，激動陳述着自己過來多不容易，只是想享受一個普通市民應該享有的權利。說到興奮處，聲音激昂，整個辦公室能立體聲環繞。菊川大姐好脾氣，繼續溫柔相待，直到大叔發完牢騷，才送至電梯處，禮貌送別。

沒過多久，重複的一幕又上演。

還有一位大叔，印刷公司的，也定期上門。好像他和縣廳合作過業務，時不時過來露臉。和課長打招呼都是粗獷的關西風，手一揮：「喂，木村桑，好久不見啊！」課長平易近人，謙遜地點頭哈腰：「您好您好！好久不見……」

但大叔的目標是我們這一桌。每次他一進辦公室，韓國的閔桑就拿起錢包下樓買咖啡。大叔走來中文桌，和我說兩句，和淺田說兩句，沒話找話，「我也想學中文啊，你們幫我做個中文的寒暄語的資料嘛！你好啊，早上好啊之類的，教教我……」剛開始我還笑臉相迎，後來發現他只是很閒，態度轉冷。好在他有自知之明，直接找淺田。溫柔的淺田無奈地繼續招架，陪大叔硬聊。

他們是常客，還有不速之客，莫名其妙就找來這裡了。諸如來了解兵庫縣的國際交流工作，反映自己的生活難題，趁機和公務員們聊天。大家只能畢恭畢敬，哪怕隨便聊聊就一個小時。

直到他們說得差不多了，或者公務員們實在不能奉陪了，找個藉口脫身，將他們送至電梯，微笑着揮手道別。

還遇到過一個「傑作」（日語裡稱「極品」時用的表達）。

有天清早，橋下君接到個市民電話，說她在讀老年大學，有篇論文想要找我們的英文翻譯幫忙修改。這明顯是無理要求。

老實的橋下完全招架不住，客氣迂迴一番後，委婉拒絕，卻被大媽說得臉色煞白：「幫助市民提高國際文化視野，難道不是你們國際交流課的工作嗎？」橋下嚇壞了，敷衍兩句，說和同事商量一下，稍後回覆。

英文翻譯宮澤桑和 Jack 恰好外出了。淺田小姐很少態度犀利，這次直截了當告訴橋下：「她這是無理要求，你拒絕就可以了！」但橋下一臉為難。

無奈電話得打過去，他依舊客氣迂迴一番，說「您的請求，我們課可能無法受理⋯⋯」，然後橋下就握着話筒僵住了，大概被對方的氣勢給震懾，趕緊用口語向我們求救，赤裸裸敗下陣來。淺田示意他把電話轉撥過來，幫橋下解圍。沒說兩句，就感覺她有些怒了，雖然全程都在說敬語，但最後竟出現「我說的是人話」這樣的對白，爭吵之激烈可見一斑。

恰好副課長在旁邊給橋下交代工作，聽到這樣的對白不免被驚到，其他同事一通解釋。被對方掛了電話的淺田說：「她掛電話了，可能等下直接打給橋下。」

此時的橋下，僵住了。正說着電話就響了，副課長大義凜然地接招，耐心聽完對方的請求，委婉地說明，最後竟也無奈告訴對方：「等我們的英文翻譯回來後，我和他們說明一下情況，再回覆您可以吧？」這邊的我們面面相覷。

掛了電話，副課長交代我們：「你們下次回電話，下班前幾分鐘打，然後說我們快下班了，拖幾次她就知趣了。」原來如此，既沒有直接拒絕對方，也不會給辦公室添麻煩了。

這就是日本公務員每天工作之外要處理的事情。想來，老年生活課、或者社會福利課之類，應該會有更多人登門。因為縣廳的大門隨時向市民敞開，沒有問詢登記，也沒有安檢，想去哪個部門，

在大廳指示圖一目瞭然,按個電梯,「蹭」就到了。不知道找誰沒關係,反正有人搭理你;要求無理也沒關係,反正沒人會對納稅人怎麼樣。

只是,萬一有恐怖襲擊,或者報復社會怎麼辦呢?日本社會不是沒發生過這樣的慘案。

我好奇地問了問淺田,誰知道說中她心聲:「我一直都這麼擔心呀!也不安檢一下,誰都能進來,多危險啊!所以兵庫警局就在我們對面!」

「在對面也沒啥用吧?」

「是啊,無非是處理後事更快……」

沒有安全保障的公務員們,除了兢兢業業,還得把市民伺候得服服帖帖。

令人頭疼的日本人名

我很怕叫日本人的名字，實在難讀。

中國人的姓氏一共只有三千多個，常用姓氏大約 100 個；日本人口只有中國的十分之一，姓氏竟有 14 萬個，但常用姓氏只有 40 多個，前三名是「佐藤」、「鈴木」和「高橋」。我記得留學時日本老師上課點名，只念姓不念名，因為全班都是不一樣的姓氏。

有些姓氏不僅罕見，還比較獨特，「我孫子」、「犬養」、「御手洗」（日語裡是「洗手間」的意思），「豬飼」之類，中國人看着很好笑，但對學日語的人來說，是頭疼不會讀。雖說日語裡每個漢字有固定發音，但一到人名地名，就變成特殊的音。別說外國人，連日本人也怕看到不熟悉的姓氏，萬一是上司、客戶，念錯可就尷尬了。

每個人的桌子上，都有寫着名字和職位的銘牌

　　漢字好記，日語發音就沒那麼好記了。好在日本辦公室裡不需要念名字，比自己級別高的人，直接念職位就好，着實省事。

　　如我們大辦公室的 boss 是國際交流課課長，姓「木村」，念「木村課長」當然沒錯，但直接叫「課長」就更尊敬，重要的是，方便啊！

　　雖然是課長，但沒有獨立辦公室（局長級別才有）和大家共處一室。

　　「課長」下面是「副課長」。我們的副課長姓平東，在北京工作過兩年。剛開始和他打招呼，我省略掉「副」，呼「平東課長」，被他當面指正：「哎呀呀，你們中國不怎麼叫『副』，但在日本可不行啊，畢竟我不是課長啊……」我從此懂得正副分明在島國有多重要。

　　「副課長」下面是「班長」。我們辦公室有好幾個班長，國際交流課分地域國際化班和交流企劃班，前者負責國內事務，後者負責大工作量的國外事務。兩個班長各自領導一個團隊，因國外班的工作多，就根據語言分為歐美組和亞洲組，沒有組長，有兩個「主幹」。

　　剩下的都是日語裡的「平社員」，就是沒有頭銜的職員，想做領導？不用急，慢慢等，「年功序列制」的背景下大家都能升職，只是升多少、甚麼時候升的問題。

　　升了職之後，除了上司可以直呼其名，下面的人都可以直接喊頭銜。

　　不過升職之前，大家彼此間還是以名字相稱，女士叫「桑」，男士叫「君」，所以我還是得努力記住大家日語名字的發音呢。

感謝您一直以來的關照

來日本前，我在國內只做過日語老師的工作，沒有在公司上過班，一直很羨慕出入高級寫字樓的幹練女白領，妝容精緻，衣着光鮮，氣場強大到走路生風。這次赴日工作，我的期待之一是，終於有機會在辦公室上班了。

然而，從進入辦公室的第一週，我想進出高檔辦公樓的願望，就破滅在此起彼伏的固定電話鈴聲裡。如何打固定電話，成了我在日本辦公室學會的第一件事。

不知是我高估了日本的發達，還是低估了日本的保守。智能手機在中國普及率很高，可日本還有不少人在用非智能機。畢竟日本在全世界眼中都是科技極其發達的國家，不只是中國人驚訝，美國交流員也十分震驚這一點。

很多人在日本學會的第一句話是「すみません」（「對不起」、「不好意思」、「麻煩了」等意思），那在日本職場學會的第一句應該是「いつもお世話になっております」（感謝您一直以來的關照）。

這句話頻繁到甚麼程度，是接了電話後，無論是否找你，也無論任何事情，只要說了「喂」，待對方自報家門，它就登場了。

如，電話鈴響，

辦公室某人：もしもし（喂）

對方：高校教育課の佐藤です。（我是高校教育課的佐藤）

辦公室某人：いつもお世話になっております。（感謝您一直以來的關照）

對方：こちらこそ、いつもお世話になっております。あのう、木村課長はいらっしゃいますか？（哪裡哪裡，是我們一直受您關照。請問，木村課長在不在？）

……

一番迂迴後才知道找誰，如果課長在，接電話的人將電話轉給課長，對方再次自報家門，兩人再寒暄一回，才說上正事兒。

如果課長不在，接電話的人得用十足抱歉的語氣，向對方說明情況，再打開辦公室共享的日程表，提供更詳細的信息，告知對方課長今天去參加了甚麼活動，大概甚麼時候回來，需不需要留個口信之類。對方通常會說過會兒再打，但也有需要傳達的時候。接電話的人在便籤條寫上某某部門的誰誰有來電，放在辦公桌醒目的地方，等他們回來看到便籤條，第一時間回電話。但這並不能讓人放心，萬一他們回來沒留意便籤，接電話的人還得操心提醒一下。

我悄悄留意同事們打電話的台詞，暗暗記下模仿，在每天不停「鈴鈴」作響的聲音裡，留意着電話有沒有人接。30 個人共用 10 多部電話，總會有離我最近的電話響起。

剛開始我很怕接電話，因為日本人大概也覺得開場白太麻煩，

報名字的語速飛快，我幾乎沒能在第一遍就記下他是誰、來自哪裡，顧前不顧後，經常無奈地問對方：「不好意思，是哪個部門？」「不好意思，您的名字是？」

　　大家基本不用私人電話，我呆了很長一段時間後，某次外出聯絡才知道身邊同事的手機號碼。

午休時的沉默

　　來這裡工作三個月後，我在淺田小姐的帶領下，吃遍了單位附近各種日餐西餐中餐的定食。然而，磨合期一過，我的中國胃就開始抗議了。炎炎夏日，我也好想來一份自製的味道濃鬱的麻婆豆腐，一口下去，舒服好多；於是開始嘗試自帶便當，短暫的午休不用匆忙外出覓食，悠閒在辦公室度過，也由此看到同事們的午休種種。

　　午休時間從 12 點到 1 點，一到點，縣廳三棟大樓會同時響起鈴聲，伴着鈴聲，電燈統一熄滅，所有動作都在提醒你「吃飯時間到了」。

　　每當快到 12 點，人就不由得緊張起來，想趕緊把手頭的事情做完，迎接愉悅的午飯鈴響。還要在打鈴瞬間假裝從容地拿起錢包衝向電梯，只為搶到電梯位。這棟辦公大樓有 3000 多人，但只有 3 架客梯和 1 架貨梯，早一分鐘晚一分鐘區別會很大。晚的後果是，每次開門的電梯廂都是滿載，還鴉雀無聲，又默默關上。等電梯的人很無奈，電梯裡的人更無奈，因為每一層都開門、被圍觀、關門。好在我們在 7 樓，不高不低，大家索性一出門就自覺直奔樓梯，只

聽嚟裡啪啦腳步聲響，像地震避難般迅速有序，連穿高跟鞋的姑娘都練出了高超的下樓技巧。每次轉到一樓，我都一陣眩暈。

沉默的電梯廂，沉默的樓梯間，日日都只有電梯門的「叮咚」聲、樓梯的「噠噠」聲迴響。

每個人也沉默着做一樣的事，抓緊時間，衝進餐廳，或者衝去便當店。只有點完菜單那一刻，才終於鬆一口氣，有空聊上幾句。當然，如果和同事一起吃飯才有的聊，一個人吃飯，只能繼續沉默。

即便在餐廳聊天，大家也不會太熱鬧，高談闊論、爽朗大笑很少在午飯時聽到。那是晚間時分的居酒屋場景，只有在酒精的助攻下，日本人才能稍微放開聲音，從日本人變為「喝了酒的日本人」。

留在辦公室裡的，是自帶便當的姑娘，還有吃愛妻便當的大叔。有便當吃的人，幾乎日日中午不下樓，在辦公室坐一天，比如我的頂頭上司岡田先生。

每天，他都會在鈴響的一瞬間從包裡取出便當盒，解開傳統的「風呂敷」①，打開便當盒，開吃，十分鐘內解決，然後去水房沖洗便當盒，回來，戴上耳機，閉上眼睛開始打盹，直到 1 點鈴響。

有時，這個大桌子只有我們兩個人留在辦公室，沉默着各吃各的。空氣裡飄着無法散開的尷尬，他也覺得有點僵，就有一搭沒一搭地聊些日常，說他在新加坡單身赴任時吃膩了麥當勞，在斐濟工作時好無聊之類。繼而跳到我吃的是啥，還是中國菜好吃的話題。

....

① 日本傳統用來搬運或收納物品的包袱布。

但對話也僅限於吃飯的時候，吃完飯他就沉默了，我就繼續刷自己的手機。

抬頭看看前後，留守辦公室的人都默默不出聲，打電話都得去外面的走廊，小心着低聲細語，否則安靜的樓道瞬間成了立體聲環繞。

不過，有年輕姑娘的地方總有春風拂面的朝氣。辦公室中間的大會議桌，午休時間是姑娘的聚集地。以前在這裡工作過的幾個女生，後來分到了其他辦公室。大家約好午休時間回來老地方，找我們的小藍一起吃飯。每每這時，辦公室就揚起女孩子們歡快的說笑，關於美容，關於八卦。她們才不顧及那些沉默的大叔呢，與其說是打擾，我覺得大叔們說不定很享受。

吃完便當去走廊盡頭的水房沖洗餐具，每次都能看到公共沙發上有人睡着，擺着不同睡姿。矜持些的交叉着雙臂，豪放些的乾脆直接躺下。

和同事聊天，說起我上大學前都是中午回家吃飯，父母也回家做飯，午休時間有兩個半小時，吃完飯大家還能睡一覺再去上學或上班。日本人總是露出震驚的表情，極其羨慕地說：「那就意味着一天三頓都是一家人一起吃嗎？」答曰：「是啊！」於是更羨慕地感慨道：「中國好人性化啊！」我也不好再補充一句，那是我老家小城市，中國的大城市都靠外賣呢。

吃完便當，我常常在打鈴前去超市買咖啡，會路過樓下的吸煙區。那裡也是一片沉默地帶，每個人各自佔據一小塊地方，保持着

禮貌的距離，抽着煙，或玩手機，或喝咖啡，但沒有交流。也許他們天天都碰面，但並不熟識。

最後的高潮在上班鈴響之前。吃飽了飯大家都懶洋洋的模樣，那表情明顯在說「不想上班啊」，臨近打鈴，電梯再次迎來高峰，卻不再有剛才那般積極。大家寧願在大廳等上三五分鐘的電梯，也不願爬樓梯。

先來後到，有秩序地一撥撥走進電梯廂，默默按下樓層，默默走進辦公室。

有趣的是，只要鈴一響，氣氛就緊張起來。還沒回到辦公室的一陣小跑，走廊裡響起急促的腳步聲。不小心遲到了，只能趕緊回到自己座位，做出不好意思狀，小聲嘀咕句「すみません」，雖然並沒有人接話。

工作時間裡，大家很偶爾才閒聊兩句，沉默是主流。除了工作上的事情，幾乎沒有多餘話語。

只有一天的工作結束後，尤其是真真假假的加班之後，日本人才能鬆一口氣，抖落出一天的話。第二天，又是一輪新的沉默。

每次被辦公室的沉默籠罩時，我都忍不住想，如果午休時大家可以更隨意一點，多交流一點，會不會也輕鬆一點呢？

不過那樣的話，也就不是日本人了。

你們真的是在加班嗎？

送走了黏糊糊的梅雨，神戶用來勢洶洶的炎熱告訴我，這裡的夏天一點不輸給廣州。樹上的烏鴉都熱得消停了，不像春天叫得那般歡騰，懶懶散散的拖長了尾音。東九區本來天亮得就早，這個季節更早了，讓人懷疑夜晚只不過是順路，急匆匆要趕去東八區。

每年夏至如約而來之時，兵庫縣廳都會體貼地調整上班時間，名曰 summer time，即提前 45 分鐘上班，也提前 45 分鐘下班。從夏至到秋分，持續 3 個月。

今年是自願原則。可以根據自己情況決定是早來早回，還是一年不變。據說往年是強制性，大家必須步調一致地早睡早起。

交流員上班時間晚，但我一向磨磨蹭蹭，又習慣自己做早餐，晚點上班是更好的選擇。何況提前 45 分鐘下班，還不到五點，回家也太早了，於是決定不跟風 summer time。

公務員們平時 8:45 上班，提前 45 分鐘，就得 8 點來。如果通勤花費一個小時，可以自動推算出起床時間了。我想當然地以為今年自願的話，應該沒幾個人會調整。

然而辦公室裡，幾乎所有人都選了 summer time，除了我，和

憨憨的橋下君，橋下說他早上想悠閒點兒。也是，天天壓力那麼大，當然想多睡會兒。其他人，竟然略帶期待地迎接着夏季作息開始的那一天！我當時沒讀懂其中的空氣，還納悶這有區別嗎？工作時間不是一樣的嗎？

summer time 實行的第一天，我和平時一樣上着班。到了下午 4:45，我一天中效率最低的時候，驚奇地發現辦公室的人開始收拾東西，然後無比準時地匆匆離開了辦公室！我瞬間來了興致，好奇地看着他們一個個離開。

沒幾分鐘，偌大的辦公室，只剩下了我和橋下，他無比輕鬆地鬆了口氣，還第一次主動和我聊起閒話。平時 5:30 下班，幾乎沒有人按時走，我根本不知道他們幾點走。有次忘了拿東西，大概 7 點半回辦公室，大部分人還在。

但在 summer time，為甚麼所有人又不加班地準時離開了？

課長看到我按兵不動，依然在敲鍵盤，好奇地問，高桑你怎麼不 summer time 啊？我說 4 點多下班外面太熱了。然後，課長開開心心地回家了。這還是我第一次見他走得比我早。

從實行的第一天開始，這個現象像炎夏的氣溫一樣穩定地持續着。

我這才明白大家選擇夏季作息的理由。比起平時正常的出勤，summer time 是可以準時下班回家的一個冠冕堂皇的理由呀！一到秋天，作息要恢復正常，不止一次聽到有人說，好希望一直採用這個時間表。

　　可是我不禁想到一個問題，如果夏天你們可以不用加班，那另外三個季節的加班到底是在做甚麼呢？

有用的會和無用的會

有個日語單詞叫「打合せ」，意思是「開會」。日語有「會議」這個表達，但一用就顯得很正式。

平時的碰頭大家都說「打合せ」。比如，我們去學校做文化講座前，校方負責人提前很多天來辦公室，和我們「打合せ」，梳理當天活動的流程，並確認需要用到的材料；辦公室有新年聚會前，負責組織的同事也會「打合せ」幾次，商量去哪裡吃、現場安排、有臨時狀況的應對方案等。

辦公室中間有一張公用大桌子，除了午休當餐桌，最大的功能就是用來開小會。每天都循環使用好多場，不論辦公室內部，還是與外部。

我參加最多的，是每週一的交流員例會。除了四個交流員，還有負責人橋下君，以及國際交流協會的負責人長谷川小姐，即六人會議。

每週例會先確認這個月和下個月的安排，確認有誰請假，有誰插入了新工作，以及時間上的協調。交流員每年有 20 天年假，平時的非工作時間加班也可以換取相同時長休假，只要不影響工作，

甚麼時候請假可以自己決定，相當自由。我們平時回國探親，或者在日本旅遊，都是靠一點點攢出來的時間拼湊的。

有活動時，會議很重要，一起商量方案，碰撞出新想法。不過，7、8月是學校暑假，少了很多學校邀請，工作量大幅減少。即便大家心知肚明，會議也照舊按時開。常常是確認了誰請假之後，就變成了國際雜談，開始討論美國的墨西哥菜、韓國的米酒、澳大利亞的花生醬，和中國的炒飯，不過日本的話題最容易引起共鳴。

慢慢地，我們的會議桌從辦公室的公用桌，轉移到了裡間的會議室，畢竟明目張膽的閒聊影響不好。如果完全不開會也不行，會被日本人當做無所事事，因為他們總有會議在開。

從局長到課長再到班長，每個人在一個又一個會議裡連軸轉。辦公室裡開會就像現場直播，雖然日本人說話聲音秀氣，但空間有限，其他人都能聽到在聊啥；有時是關了門的會議室，以示會議的私密；更高級別的會議，要移步到部長或知事的辦公室了。

散了會的表情，大多是一臉疲倦，有時，甚至透漏出幾分「真是浪費時間，我還有好多事情要做」的神色。

有天上午，隔壁經濟課接待了一個日本大叔，用了離我們最近的公用桌，經濟課全員陪同。大家都沒怎麼說話，只聽日本大叔誇誇其談。估計是剛從中國回來，嗓門大到對面辦公室都聽得到。經濟課的人忍耐了一個多小時，任由他即興發揮，連我們也無法倖免地經歷了一場高分貝洗禮。直到最後，我才抓住重點是他認識很多中國教授，接下來要開展一些交流活動。好脾氣的經濟課課長全程

陪着打哈哈，其他人只能正襟危坐着。

總有這種不知所謂的會議，而真正需要開會的事情卻被忽略。

每年春夏交接的時候，訪問團比較多，每次接待外賓前，工作人員會收到一份任務表，每個人做甚麼都清清楚楚在表格列出來。但現場總有臨時狀況，表格裡沒有寫的事情，不知道應該誰去做。

接待了很多次後，我只能靠所謂的「讀空氣」來觀察自己應該做甚麼。

大家的集體加班，和又長又多的會議不無關係。工作時間裡，接連不斷的會議插入，要做的事情做不了，無端端拉低了效率。當我抬頭看到領導們又在「打合せ」的時候，忍不住感慨了句「又在開會啊……」，引燃了淺田小姐的認同：「沒辦法，衙門嘛……」

你們對甚麼感興趣呢？

我在神戶的那年夏天，里約奧運會開得如火如荼。無奈既有時差，也沒有電視台的直播，只能依靠國內小夥伴的朋友圈得知我們拿了幾金幾銀。

沒兩天，日本拿了奧運會的第一金，電視台報道得鋪天蓋地，畫面不斷回放金牌選手萩野 ① 的衝刺時刻，日本國旗在水面顯現，畫面切換到全國各地的歡呼情景，聚集在市民館一起看比賽的老年人，在學校階梯教室坐得整整齊齊的學生們，還有萩野老家的父老鄉親，一片歡呼雀躍。

可即便電視上熱鬧至此，第二天到了辦公室，大家對這個事情毫無反應，安靜得好像甚麼都沒發生。我試着跟淺田小姐說：「日本拿了游泳金牌哦！」她淡淡地回我一句：「是啊……」

午休時，和橋下君留在辦公室吃便當，知道橋下喜歡運動，就聊起了奧運會的話題。然而他也一臉沒興趣的表情，理由是「住的地方沒有電視看」。之後話題就轉向了青椒肉絲。

還有一件事情當時報道也多，是天皇宣佈「生前退位」，電視和

① 萩野公介，日本游泳運動員，2016 年里約奧運會 400 米混合泳冠軍。

網絡一直在追蹤報道，甚至還直播了號稱第三次「玉音放送」的天皇講話。瀏覽網頁新聞時，我隨口說了句「天皇真要退位啊……」，卻被淺田小姐反問：「你對這個事情很感興趣嗎？」感興趣倒不至於，但對日本來說是個大事件吧，於是反問了一下：「日本人不感興趣麼？」淺田小姐毫不猶豫地搖了搖頭，示意「完全沒有興趣」。

剛來日本沒幾天，發生了熊本大地震[1]，之後的一個多星期，除了東京電視台[2]，其他台幾乎 24 小時不間斷報道現場，但辦公室的人也沒有人聊一句熊本的話題。

那一年，還發生了震驚全日本的神奈川殺人事件[3]，第二天大家依舊如常平靜，該開會開會，該喝咖啡喝咖啡，誰也不會主動挑起話題。只有外出活動時，才和吃飯的同事聊了兩句，感慨了幾聲「好可怕啊」，草草收尾。

有一次和韓國的関桑單獨吃飯，忍不住吐槽。已是第三年在這裡工作的前輩，只能表示無奈。她說在韓國，尤其是公務員系統，大家上班的前半個小時，都在聊天中度過，聊聊國家大事，聊聊家常，再開始工作。

関桑在這裡工作三年，還不知道同事山田小姐有三個孩子，從

---

① 2016 年 4 月 14 日，日本九州熊本發生里氏 6.2 級地震。

② 東京電視台，以關東廣域圈為播送範圍的電視台，簡稱「東視」。不管發生任何突發新聞，都雷打不動繼續播放正常預定節目。

③ 2016 年 7 月 26 日凌晨 2 時 50 分，日本一男子持刀闖入日本神奈川縣相模原市一家殘疾人療養院，造成 19 人死亡。

我嘴裡聽說時，她下巴都要驚掉了！驚的不全是山田小姐的保養能力，完全看不出少女氣質滿點的她居然是辣媽，也驚我才來不久，怎麼知道的比她還多。

　　天天開會天天加班，大家像腦門上綁了個隱形白布條，寫着大紅色的「我很忙」，自然沒有閒聊的氣氛。只有每天下午分發客人的手信時，才會圍繞食物有些討論。

曠日持久的報銷

　　進入 10 月中旬，我發現，一個月前的出差路費和住宿費共計 2 萬日元，依然沒有打入我的賬戶，我坐不住了，向對方發去了詢問郵件。

　　我們的出差多是當天往返，交通費在千元（日元）左右，對方以現金形式付給我們，細緻地裝入信封，顯得正式。

　　偶爾才出現上萬日元的開銷，算大額了，以銀行轉賬形式支付。

　　按對方要求，我在活動當天帶去了存折和銀行專用印章[①]，提供了轉賬信息，只是沒好意思問時間。即便需要一個月的財務週期，這時候也該入賬了，我心焦地每隔兩三天就打開銀行 App。

　　從夏末等到初秋，依然沒有一分錢。終於，我委婉地以「是不是操作失誤」為理由提醒了對方。

　　隔了兩天，收到回信，答曰：「財務是每月 16 號結算，所以要等到 10 月 17 號才能轉賬，不好意思啊……」

　　既然如此，9 月 16 號之前的經費，9 月結算才對，為何延遲一

----

① 在日本辦理銀行業務，需要個人印章。

個月呢？

這並不是第一次切身感受島國報銷效率之低。

剛赴任時，東京到神戶的新幹線費用是工作機構擔負，但我先墊付了。工作兩個月後，我才收到這筆進賬。不過，比起前一年 8 月赴任的美國和澳洲交流員，他們說工作半年後才收到這筆報銷，我也就欣慰許多了。

在前輩的提醒下，每次出差的交通費，我在出發前一個星期申請，這樣才不容易遇到拖延。

造成報銷困難升級的，還有落後的報銷系統。辦公室的電腦本來就舊，系統更難用。比如出差地點，需要在地圖上找出來才能填寫，每次申請報銷，我都像晨跑一樣，需要強大的心理建設。起初，我以為只有我笨拙到不太會用，浪費時間處理一件沒有技術含量的工作，但後來不止一次聽到其他同事求助於小藍，她是辦公室最精通此程序的人。

「為甚麼不升級這個系統呢？」忍不住和淺田小姐吐槽，卻戳中了她的苦衷：「我早就想吐槽這個難用的系統了！不過政府部門，效率本來就低，日本也不例外。把表格做那麼好看有甚麼用啊，多耽誤時間啊！」

她說出了另一個我想吐槽的地方。

日本人還有個特長 —— 做 Excel。

每次看到他們的表格，我都覺得那是藝術品，「好詳細啊，分工這麼細緻，排版這麼整潔……」接待外國訪問團之前，我們會收

到負責人整理的資料，包括對方國家簡介、訪問團成員信息、精確到分鐘的活動流程，以及細緻到誰負責開電梯門的分工表。30 分鐘的訪問活動，足足做出 30 頁的資料。若是歐美大國團，資料會更多更厚，連停車場地圖也詳細繪製。

可惜這麼漂亮的表格，除了做資料的人，其他人不會仔細翻閱。結果是，每個人的桌子上，堆積了越來越多的無用紙張，只好定期處理扔掉。不知道是認真，還是浪費。常在想，為甚麼不把資料電子化呢？即便要存檔，打印一份也比人手一份環保的多。

日本常給人環保的印象，卻在這些細節上略顯浪費；就好像外國人總以為日本科技發達，但辦公室的電腦系統卻停留在昭和時代。

突然想起除了那筆 2 萬日元的出差費，還有筆 1 萬的費用也還杳無音信。

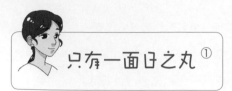

只有一面日之丸 ①

進入秋季後，各國訪問團陡然增多。進入秋季後，紅葉開始越來越好看。

這兩者不是沒有關係。島國紅葉好看，全世界出名。

有天下午，需要接待兩個訪問團，前一場是澳大利亞團，後一場是德國團，只相差 10 分鐘。

接待流程早已駕輕就熟，先確認兩邊大人物的「坐上席」，再擺放其他人的銘牌，然後按位置擺放兵庫縣的宣傳資料、明信片套裝、縣徽章，檢查麥克風是否好用，以及外交場合最重要的兩國國旗的擺放。

準備好澳洲團的佈置，我們想提前把德國的房間也佈置了，卻被告知知事還在房裡見客。我們只好等待。又說澳洲團路上塞車，可能遲到，愁壞了時間精準的日本人。遲到意味着下一場也受影響，也只好隨機應變了。

澳洲團遲到了 15 分鐘。原本 40 分鐘的會見時間，只能縮短。

① 日本國旗的名字，因旗面上一輪紅日居中。

　　澳洲團和知事順利會面後，我們拿上德國團的準備材料奔去德國會場。因為前一場的遲到，這邊離開始只有半小時了。

　　一切都進行順利，放國旗的時候卻出了問題，因為日本國旗只有一面，現在在澳洲團的會議室用着，這邊只有孤零零的黑紅黃三色德國國旗了。

　　正糾結怎麼辦時，德國訪問團就來了！可距離開始時間還有 20 分鐘！ 先讓客人進場，解釋說知事還在見客。負責人悄悄提醒小藍，等下澳洲團一結束，立即把日本國旗拿過來，和德國國旗一起插好，拿進房間。

　　於是，澳洲團一出會場，小藍一陣小跑拿來日之丸，跟搶奪陣地一般。然而不爭氣的是，旗子勾線了！枉費她上午找同事借來針線，把鬆散的邊給縫好，此時又調皮地散開以示罷工。

　　折騰一會，看起來沒那麼寒磣，與德國團會見也進行一半了。小藍剛準備進去，果斷被負責人攔下：「算了算了，不用了……」

　　一場外交會見，潦草地展開，缺憾中結束。不知道謹慎的德國人會不會注意到，這個說大不大說小不小的細節。

　　為甚麼只有一面日之丸，答曰，窮。

　　縣廳窮，是我一來就常聽到的。原因是 20 年前阪神大地震的災後重建，花了政府大筆經費。神戶如今看起來精緻繁榮，但當時是重災區，花費了大量日元，欠債到現在也沒還完。

　　平日裡，單位請客聚餐的情況從來沒有，有也是自己交工費換來的。辦公室有個名為「宇宙會」的工會，每月交 2700 日元。交了

一年，就吃過兩次晚餐，剩下都用作課裡的紅白喜事慰問金了。

難怪只有一面日之丸，勾線了也不換，連備用庫存都沒有。

有一次，和局長一起參加孫文紀念館①的活動。去的時候有公車，回來變成了和局長坐電車。單位裡沒有幾輛公車，把我們送到目的地，就被調遣到別的地方了，不可能一直在原地待命。

活動結束，我們回到辦公室，桌子上已經放好下週印尼訪問團的安排。不禁想，把紙張錢省下來，夠買好幾年的國旗了。

但沒人提出建議，大家按照既有的習俗，重複着沒有解的矛盾。

我猜，日之丸應該會被繼續縫縫補補，然後紙張也一摞摞地從複印機吐出來。

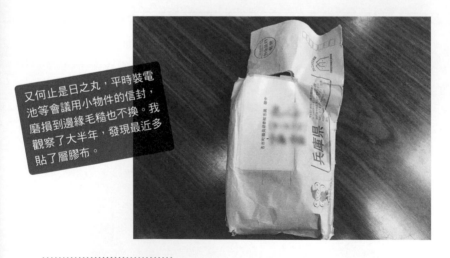

又何止是日之丸，平時裝電池等會議用小物件的信封，磨損到邊緣毛糙也不換。我觀察了大半年，發現最近多貼了層膠布。

---

① 孫文紀念館，又稱移情閣，位於神戶市垂水區東舞子町。該建築物是 1915 年活躍於神戶的中國實業家吳錦堂所建別墅的一部分，也是 1913 年 3 月 14 日孫中山訪問神戶時召開歡迎會的會場。

日本職場的「天孫降臨」

2017 年初日本媒體的重點落在了這個詞：——「天下り」。

這是個地道的日語表達，源於神道教用語，意思是，神仙從天下凡，也說「天孫降臨」。後來引申為退休的高層官僚從天下凡，即退休後繼續在相關單位，例如民間企業、大學、法人組織等團體裡身處要職。

這也是個頗有歷史的現象。日本的國家公務員系統內，有「鼓勵提早退休」的制度。理由在於，通過國家公務員考試的是鳳毛麟角，能繼續升職擔任國家級職位的，更屬人中龍鳳。年功序列的背景下，大家都能往上升，但職位有限，總要有人被淘汰。

同一批公務員裡，如果有人願意提前退出競爭，就可以享受「天孫降臨」的優待。不僅拿豐厚的退休金，還可以在人事部的安排下，開啟事業第二春。

那些選擇繼續「向上」的人，可能倒下，也可能成為最後的勇者，站上「官僚」① 的位置。

----

① 指能夠決定國家政策的高層領導。

　　既然是法律層面沒有問題的事情，為何會成為新聞頭條，而且目標是日本的文部科學省①。甚至，這一事件還迅速被做成了特輯，在《Close-up 現代》這一節目引起熱議。

　　文部科學省的「官僚」們，影響力之大不言自明。既然是官僚，就不能再「天孫降臨」，已經享受過至上的權力，退休後哪能繼續活躍，貪戀職權。而且法律上也不允許，一旦違反，就觸及了日本公務員法。

　　可這些「大佬們」退休後，竟然在日本著名大學掛着要職，甚至

順位	大学名	天下り事務職員数	08年度私学助成補助金額
1 位	日本大学	26 人	114億3266万円
2 位	早稲田大学	24 人	92億6379万円
3 位	関東学院大学	16 人	12億5734万円
4 位	金沢工業大学	14 人	15億0492万円
4 位	聖徳大学	14 人	8億5131万円
4 位	城西・城西国際大学	14 人	7億5693万円
7 位	大阪工業・摂南・広島国際大	13 人	25億4242万円
7 位	武蔵野音楽大学	13 人	3億8678万円
9 位	大東文化大学	12 人	7億4989万円
10 位	中部大学	11 人	13億5316万円
11 位	昭和女子大学	10 人	6億3613万円
11 位	愛国大学	10 人	1304万円
13 位	近畿大学	9 人	52億5410万円
13 位	東京理科大学	9 人	32億5260万円
13 位	京都産業大学	9 人	10億6899万円
16 位	東海大学	8 人	70億6061万円
16 位	立命館大学	8 人	38億7466万円
16 位	徳島文理大学	8 人	12億7120万円
16 位	仙台大学	8 人	2億6779万円
16 位	作新学院	8 人	2億6006万円

私大「天下り事務職員」ワースト20

私立大學「天下り」worst 前 20 名，基本是私立大學。（資料來源：My News Japan）

① 日本中央政府行政機關之一，負責統籌日本國內教育、科學技術、學術、文化及體育等事務。

在背後操作教育系統。這次被曝光的，本來只是個別文部省官僚，一經調查，發現不是少數。有人在私立大學繼續擔任行政，有人甚至還在教學職位，還都是日本赫赫有名的名牌大學。

禁止官僚們「天下り」的原因，顯而易見。曾經位高權重，退休後進入民間團體，很容易官商勾結，成為腐敗及行賄的溫床，也會搶走年輕人向上的機會。

這次曝光後，日本人淡定地發現，原來有這麼多官僚，波及這麼多大學啊，居然還有人退休第二天就直接去大學接着上班啊。

之所以淡定，是因為幾十年來，「天下り」已成了人人皆知，又皆無奈的事情。何止是文部科學省，交通、環境、能源、郵政、公安，甚至殘疾人福利部門都不缺少此類事情。

日本每個縣的縣廳有國際交流課，此外還有「國際交流協會」，是非政府組織。這個組織的領導，基本都是國際交流課退休的領導擔任，哪裡有其他人的機會。

這些大叔有自己的 OB 會，所謂 OB，是 Old Boy 的首字母縮寫，在日本是個普遍使用的詞彙，意指前輩。而國際交流的 OB 會儼然是一個封閉的高端組織，他們作為「國際人」，都在國際交流部門做過要職，彼此間互相熟識，也有不同國家的赴任經歷，聊起外交，各個侃侃而談。退休後也能繼續瀟灑。如果一開始沒能進入這個派別，此後再難有機會滲入。

只是，「天下り」既然普遍到日本人都知道，這次為何是文部科學省踩了地雷，也不免耐人尋味呢。

鐵打的縣廳，流水的公務員

臨近新舊財年更替的三月底，辦公室裡有一股緊張和不安的氣息飄蕩，尤其是在辦公室坐了三年的人，其中包括我們組的主幹，主幹上面的班長，以及班長上面的課長。

在同一個職場工作不超過三年，似乎是日本政府部門不成文的規定。在我工作的兵庫縣廳，人事調動就很頻繁。我們組有七個職位，和我一起入職的有五人，有的從其他部門調來，也有橋下君這樣的應屆生。而之前的五個人，分別被調去了其他職場，有繼續留在縣廳大樓的，也有被派去東京駐紮一年的，情況各不相同。

但唯一能確定的是，只要做滿三年，就面臨被重新分配的命運。有時候甚至是兩年，作為新人入職的應屆生，在縣廳幹兩年就要去地方體驗，橋下君就是這樣。他很清楚自己在辦公室的時光只有一年了，明年四月，他得去鄉下接受鍛煉。但不知道是場面話還是他真的單純，聊起明年，他表示：「很期待，這樣可以對兵庫縣有更深入的了解啊！」

新人自然心懷理想抱負；可老員工只在意自己的去留，步步事關職業生涯。

　　有意思的是，日本每年四月開始新財年，卻到三月底才公開人事信息。通常，職位越高，調動信息就公佈得越早。我們辦公室課長，最先收到了通知。他要離開縣廳大樓，去縣立美術館赴任。其他人的調動還要再耐心等一等，級別更低的，大概幾天后才知道自己的命運去向。

　　這種心情既期待又緊張。大家雖然提交了調動志願，卻往往形同虛設，最後還是要聽組織的話。是去更高級的部門，還是被打入冷宮，這是個很嚴肅的問題。

　　但毫無爭議的是，無論哪個縣廳，國際交流課都是最有人氣的部門之一，因為外交活動不斷，幾乎每週見知事，還常有海外出差，工作內容聽起來比同一樓層的農業課洋氣很多。如果能被分來這裡，少不了被旁人眼紅，但進來後，也不意味着可以一直呆在這裡。三年一次的調動，同事和領導一茬又一茬地交替，跟部隊裡流水的兵一樣。要想成為地位穩固的「國際派」，必須要來回多調動幾次，把前前後後的人都熟識一遍，否則，最後說不定還是從農林畜牧之類的部門退休。

　　專業和工作內容沒有那麼密切相關，沒做過不要緊，幹兩個月就熟悉了，比如本來是法律專業的橋下君，也不怎麼會外語，卻被分來國際課。

　　這種大跨度的調遣，往淺了說是為了培養公務員的綜合技能，在不同部門工作，能積累不同領域的經驗，更熟悉縣廳的方方面面；同時，頻繁變換工作環境，也能認識更多同一棟樓裡的同事，

可惜即便如此，大家在樓道遇到，還是鮮少打招呼。

如果只是如此單純的出發點，代價未免太大，畢竟這其中花費的人力資源也不小。往深了說，終極目的是要防腐敗。

流動的同事關係使得大家在剛剛熟悉一點的時候就分開，上司和下屬也保持着不遠不近的距離，彼此間多了幾分客氣與顧忌，從而少見拉幫結派搞小團體的事情，更難以在短時間內建立權錢關係。

馬上要離開辦公室的課長，此時安心地喝起了茶，據說新來的課長是位四十多歲的女性，引來大家一片竊竊私語。

而其他不知下一站目的地的人，仍在認真做國際交流課最後的工作，淡定的神情背後，是不是上演着豐富的內心戲呢？

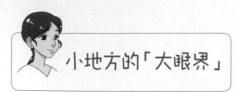

小地方的「大眼界」

　　來神戶沒多久，我就接到了外出工作。有個週末去了一個叫播磨的小城市，離神戶不遠，參加當地政府主辦的國際交流活動。這是我到任後參加的第一個活動，日本同事稱之為「出番」（意為「亮相」）。

　　說到「播磨」，很難稱它為城市。按日本的行政劃分，「都道府縣」是最大單位，然後是市、町、村。都是「市」，日本也有一二三四線城市，橫濱市、名古屋市這種大規模城市，和明石市[①]、四萬十市[②]這種存在感薄弱的城市，完全不能相比。更低級別的町和村，其規模可想而知。

　　播磨，就屬於町之級別，叫播磨町。播磨町面積 9 平方公里，人口 3 萬多。日本的大小城市幾乎都有國際交流協會，為本地居民提供接觸外國文化的機會，也為居住在當地的外國人提供生活便利。

　　活動在中午 12 點開始，來參加的人都能享用一頓簡單的自助

① 位於兵庫縣南部，面向明石海峽。
② 位於日本四國高知縣西南部，市內有四萬十川，被稱為「日本最後的清流」。

世界很大，世界也很小

簡單的自助午餐

學生的古箏表演

午餐。食物是附近居民、組織活動的學生家裡一起提供的。

炸雞塊、土豆沙拉、杏仁豆腐等，都是常見的日本料理，主食是關東煮和咖喱飯。食物的力量無窮，吃着飯，大家變得熱鬧起來，人數也達到了 200 多人。吃飽喝足，活動開始。

四個女學生的古箏秀一開場就震懾住了我，倒不是技術多麼卓群，對於我這個外行來說，我更驚訝於播磨的學生社團。古箏在日本不算常見樂器，沒想到表演舞台這麼大，現場佈置如此細緻，內容也如此不一般。接着是一種印尼少數民族樂器的演奏，學生們表演完，還邀請了現場觀眾臨時學習合奏《一閃一閃亮晶晶》，互動效果很好。

之後輪到我們出場，中韓美澳交流員介紹各自國家文化。

我第一次做文化講座，把握不準普通日本人對中國的了解，就保守地從地理、代表城市、中國料理、傳統節日幾個方面說了一番。美食是容易讓人興奮的話題，尤其說到天津飯①不是正宗的中國料理時，大家一片驚呼，一些上了年紀的人一副難以置信的表情，好像自己吃了大半輩子假的中國菜。但更能引起大家注意力的是熊貓，播放熊貓的照片視頻時，激發了日本小朋友的熱情，那一刻我突然掌握了之後文化講座的竅門，明白了熊貓是殺手鐧。三國志、麻婆豆腐、北京、熊貓，基本上構成日本人對中國的印象。

....

① 一種日式中國料理，蟹肉滑蛋蓋澆飯，有一種說法是最初用了天津的
　梭子蟹，因而得名。

同樣地，他們對韓國的印象是泡菜、石鍋拌飯、首爾、韓劇，對美國的印象是可樂、麥當勞、夏威夷，對澳洲的印象是悉尼歌劇院、考拉、袋鼠。偶爾也會出現顛覆他們價值觀的知識普及，美國的 Jack 開玩笑說他老家南加州啥都沒有，韓國的閔桑說韓國過兩個春節，我逗他們大熊貓的故鄉在成都是因為大熊貓愛吃麻婆豆腐，澳大利亞的 LUI 說澳大利亞人吃袋鼠⋯⋯他們不可思議的表情似乎信以為真，知道真相後，又連連感歎「原來如此」。

這種文化講座更像是趣味互動。我感到意外的是，播磨人的國際認知並沒有比大城市神戶落後很多。

活動的高潮在當地外國人出場時，邀請他們都上台後，我才知道這裡有特別多的外國人！但不是中國人最多，而是越南人。聽說他們多在日本打工，就像九十年代中國人留在日本一樣。有些女生嫁到了當地，就此留了下來。

這些外國人的日語都不是很好，在這裡生活難免有孤獨的思鄉之情。如果不是邀請他們參加活動，可能大家同住一個街區，也很少有機會溝通，而這樣的活動，對大家免費開放，促進了當地社區的活躍度，讓日本人更了解身邊的外國人，也讓這裡的外國人感受到日本的溫暖。

最後，學生們朗誦了英文詩歌，發音很好聽，因為指導老師是英文母語者。播磨當地只有一所高中，但配備了兩名外教，同屬 JET 項目裡的 ALT。

兩個多小時的活動在歡快中結束，學生們自覺負責了清理工作。

　　參加完這次活動，我深深記住了播磨，這裡連町長都全程參加市民活動，學校校長也來和學生們一起做遊戲，規模很小卻眼界不小。

　　日本的老齡化在這裡也很突出，參加者半數是老年人，但仍舊精緻地打扮自己，對未知充滿好奇。很多日本老人都在學習某種外語，散會後他們試着用外語和我們聊天，誇他們說得好就非常開心。

　　孩子們更享受吃吃喝喝，輕鬆玩樂，但能在童年階段有機會接觸外國文化，即便沒記住甚麼，也有潛移默化的影響。

　　回想自己的成長，我幾乎沒有接觸過所謂國際化。如今我生活在廣州，這裡的兒童早早跟着外教學外語，跟着父母出國遊，還勵志考國外名校，這一切，都會影響着他們未來的選擇和境遇。

　　只是，除了大城市，其他地方的童年也應該一樣充滿想像呀！

這是山裡的學校？！

學校訪問的活動在春季接連到來。

有一次，被派去神戶周邊的一所中學做活動。學校開文化節，想邀請外國人到班裡給學生們講外國文化。辦公室領導說這天就不用來單位了，直接從家出發，做完活動直接回家就行。心想真是難得的福利，後來才發現還不如坐辦公室呢。

我們平時上班時間不算早，9 點 45 分到辦公室，午休一個小

這裡距離神戶市區的直線距離並不遠，神戶已經是公認的日本環境最好的大都市，但與這裡一比也有差距。

時，下午 5 點半下班。

可做活動那天，我們看了看路程，要換三次電車，不得不比平時早出門一個半小時，兜兜轉轉，到達一個叫相生的城市。這還不算完，接着轉巴士，車上零零散散沒幾個人，幾乎一路沒有停。馳騁在鄉間小路上，窗外的景色忽而農田，忽而大山，何其優美，最終折騰了兩個多小時，才到達學校。學校門口空無一物，恍若來到澳洲大農場。

我們去的是兵庫縣立大學附屬初中和高中，兩所學校緊挨着，大學也在不遠處。老師介紹說，很多學生一路從初中升高中再升大學，可以在山裡過 10 年。來之前聽同事講，這所大學很有實力，在兵庫縣算是重點。接待我們的老師自嘲，因為學校裡甚麼都沒有啊，只能學習了。

我們的講座安排在下午，上午有一場學校內部的英文演講比賽，我們去看了最後的頒獎儀式和大合唱。體育館的氣派讓我彷彿進入日劇場景。

本以為只是英文演講比賽的緣故，學生和老師才說英語，但後面一系列的活動裡，一直是英日雙語進行，甚至當天的活動邀請了 30 多位外國人參加，大部分是英文母語者。和老師聊天得知，校長格外重視培養學生的英文水平，希望山裡的學校也能國際化。

簡單的午餐便當後，我們去了各自教室給學生們講課，我負責初一班級。四月剛入學的他們，看起來還是小學生模樣。

一進班，我就被兩個小蘿莉問到：「你喜歡甚麼樣的類型啊？」

「你覺得我們班主任怎麼樣啊……」之類略奔放的話題。雖然我知道日本的孩子比較開放，但第一次見面就被這麼調侃，何況班主任還坐在講台角落，一時有點招架不住。

開始後，我和學生們都做了簡單的自我介紹，說了喜歡甚麼不喜歡甚麼之類。日本的孩子們喜歡動漫、喜歡麵包、喜歡迪士尼，不喜歡的大多說的是食物。

我知道熊貓能讓他們瞬間嗨起來，於是準備了國內帶來的熊貓周邊，有書籤、鑰匙扣，以競猜回答的方式給他們介紹了中國，回答正確就能得到獎勵。孩子們果然積極性大增，為了拿到「卡哇伊」的禮物，知道不知道的問題都搶着舉手，讓大家猜「天津飯、煎餃、麻婆豆腐」哪個不是正宗的中國菜時，大家還是猜不出天津飯，看來此物已深深根植於日本人的食物觀。

我的課程結束後，順便參觀了文化節的其他活動。

「小倉百人一首」，一種傳統的日本文字遊戲。新年時，全家人聚在一起玩，也是學校的常見活動，但這裡全程用英語。繪畫部有學生作品展示，臨摹的是日本名家。其他有新奇的植物部、腦洞大開的文學部、觀察太陽的天文部。

或許，只要不上課做甚麼都好，是全世界學生的共同心聲。但這不是單純的玩樂，我感受到他們在愛好中找到的樂趣，這種愛好不一定成為謀生技能，但可以成為以後的生活方式，也是與自己相處的方式。

趁着他們吵吵鬧鬧，我在學校裡轉了轉，這裡校區不大，但精

正在玩「小倉百人一首」

文學部的宣傳

緻與乾淨隨處可以感受到。

在這樣一個遠離大城市的郊區，校門口的巴士站每小時只有兩趟車，學校依然能為學生創造優良的人文環境，提供廣闊的舞台，重視培養他們的語言能力，這才是教育均衡的真實反映吧。

回來的路程又花費了兩個多小時，老師說他們每年春天都會辦文化節，希望我們明年還能再來。這種出差真是有點辛苦，但是和學生們共度半天的福利還真不想錯過呢。

他們為甚麼學中文

中國交流員有個固定工作，給公務員們開中文角。每週四晚上6點到7點半，在辦公樓對面的縣民公館教室。

一週一個半小時的課堂，能學到甚麼呢？確實講不了太多。一個多月只勉強教會了拼音識讀和聲調。中文確實難學，大家也並沒打算學得很專業去做中文翻譯。

只是，大家為甚麼要學中文呢？上課前，我讓大家做了問卷調查，簡單地給出一些動機選項，旅遊、美食、歷史、社會等，發現很多人是為了旅遊。但簡單的選擇題很難讀到真實想法。於是，學完拼音，教會了簡單的自我介紹後，彼此熟起來，我也想聽聽他們眼裡的中國是甚麼樣的。

谷中先生（前前任國際交流課課長，退休後在福祉協會工作）

我第一次去中國是 1978 年，文化大革命剛剛結束。我記得那時候，小朋友都在唱「我愛北京天安門」（他真的會唱這一句，還不跑調），你們現在還唱不唱啊？不知道 KTV 能不能點到這首歌。

後來，我跟中國人聊天，問他們喜不喜歡披頭士樂隊，那時候披頭士多火啊，紅遍全世界，但中國人都不知道那是甚麼，我特別驚訝！

80年代因為工作出差又去了上海、杭州、廣州、西安等好多大城市，吃了很多好吃的中國菜，90年代去中國感覺變化很大。

我喜歡中國歷史，喜歡劉邦。經常在歷史書上看到「滿漢全席」，為甚麼在中國總是吃不到呢？下一次想去九寨溝，還要吃杏仁豆腐。

木崎先生（國際交流協會副理事長）

我第一次去中國還是和谷中先生一起。1989年去了上海，還去了蘇州，覺得蘇州園林很棒。後來出差又去了很多其他城市，感覺越來越好。

不過我2001年在上海坐飛機的時候，竟然晚點了12個小時，那天的工作全都耽誤了。當時無奈地只能苦笑。

下次我想去歷史古都西安，想去看兵馬俑。都江堰也想去，想去看看災後重建的地方。

入江先生（農政環境部）

我以前在日本駐廣州領事館工作過。所以我的中文都是在廣州學的，廣州是個好地方。料理好吃，氣候也好。我女兒在廣州上過中文學校，她的中文說得比我還好。

我喜歡唱中文歌，要是中文再說得流利一點就可以唱更

多中文歌曲了。

清水小姐（國際交流協會職員）

我還沒去過中國呢，但是有幾個中國朋友。他們熱情又有趣，最近有個朋友生病了，你可不可以教我說一句中文：「你身體好點了嗎？」

我對上海很好奇，是不是上海人很愛打扮啊？一直有這個印象。

還有，你們的課文是不是有很多魯迅的文章？是因為他的文章寫得很美嗎？

對了，中國的甜點有甚麼？糖水？（適時傳閱香港聰嫂的照片）哇，看起來好好吃！還是椰奶做出來的？我最喜歡椰奶了！下次一定要去吃！

泉小姐（兵庫縣市民中心職員）

我只去過上海和杭州，覺得上海的小籠包很好吃，和神戶中華街賣的不一樣！

還有我喜歡炒飯和煎餃，和擔擔麵！（又適時傳閱四川的美食圖片）哇，還有餛飩！下次一定要去四川……

長澤小姐（兵庫縣廳溫暖化對策課）

我只出差去過香港。香港的字是不是和大陸不一樣？怎麼區分呀？台灣呢？台灣人說話和你們一樣嗎？哪種是簡體字，哪種是繁體字？

我很喜歡香港的早茶，和日本的味道不一樣。下次還想

去吃正宗的早茶。

岩井先生（國際交流協會職員）

　　我經常出差去中國，覺得會中文對工作有很大幫助，於是想嘗試着把中文練得更好一點。

　　這幾位是經常出席我活動的日本學生，我當時的上司 —— 平東副課長偶爾也來客串，他之前在北京工作過，回國後也一直上中文班，中文水平很高，能自如颰一曲《七里香》。

　　他們大多去過中國，也正是因為去過、吃過、看過，才會產生學習中文的初心，因為他們知道真實的中國是甚麼樣子，也想知道現在的中國是甚麼樣子。

　　有人說，「如何讓一個人從討厭日本變成喜歡日本，帶他來一次日本就行了」，反過來是否一樣，「如何讓日本人改變對中國的看法？帶他來一次中國就行了」？

　　為了讓他們可以在中國玩得更盡興，我任重道遠。

　　後記：我回國的第二年春天，長澤小姐和泉小姐結伴來廣州旅遊。當時上課的會話教材，是我根據廣州的實際情況編寫的，經常提到廣州塔、珠江新城、沙面等景點，還有早茶、糖水等美食。她們在廣州玩了四天，親身體驗了一直做口語練習的事物，感覺很興奮。那一刻，我覺得交流員的工作其實並沒有結束，只要有需要，我隨時願意扮演促進中日交流的角色。

出發，何時都不晚

兵庫縣廳對面有一棟氣派的建築，名為「兵庫公館」，專用來舉辦各種接待活動。知事接待外國訪問團、開高級會議，都在最大的第一會議室進行，但這種活動都是領導們客套寒暄，甚為無趣。

偶爾才有一些有趣的活動，比如一年四次的「JICA 志願者交流會」。每次出席，都好像聽故事會，可以稱之為「外事活動裡的清流」了。

兵庫公館

JICA 是甚麼？Japan International Cooperation Agency 的縮寫，漢字寫作「獨立行政法人國際協力機構」，前身是日本國際協力事業團，成立於 1974 年，是日本對外實施政府開發援助（ODA①）的主要執行機構之一，從屬於外務省。對中國的 ODA 項目，也是這個組織進行運作。

ODA 覆蓋面極廣，除了大規模的低息貸款和技術援助項目，還有一個分支是志願者項目。參與者被派往亞非拉的發展中國家，進行技術、知識交流和支援，涉及農林水產、保健衛生、教育文化、運動、行政等方方面面。成立至今，有 4 萬多日本人參與過這個活動，足跡覆蓋全世界 80 多個國家。

我第一次參加這個活動是春天，有 27 名志願者即將出發，同時邀請了當年任期結束回國的 7 名志願者，一起進行交流。副知事和交流局局長也出席了。

拿到名單準備材料時，就發生了趣事。一些非洲國家的名字，大概翻譯成中文我也知之甚少，何況是日語。在我眼裡，每個國家的單詞，變成了一排無序的片假名。知道是甚麼國家後，我要查清楚這個國家說甚麼語言，把對應的資料放在參加者的材料袋裡。

每個參加者有一份專屬材料包，包含赴任國信息、生活指南、聯絡方式等，但名單上沒能獲得太多私人信息，我以為都是和我差

---

① ODA 專案，是 Official Development Assistance 的首字母縮寫，也說政府開發援助，指發達國家官方機構對發展中國家的經濟發展水準和福利水準的提高。

不多大的年輕人，愛折騰，追求着詩和遠方。

到了現場，準時的日本人西裝革履走進來。我有些驚訝，確實有年輕人，但一半以上是大叔，年紀和我父親差不多。加上日本人不顯老，年過 60 也極有可能。問了問同事，說這志願者年齡跨度太大了吧，才知道原來分兩個組別，一個是 20-39 歲的青年組，另一個是 40-69 歲的中老年組。

日本人生性靦腆，開場時略冷場，副知事提議他們聊聊自己的情況，歸國回來的可以說說自己的經歷，即將出發的可以講講自己的期待之類，這才活躍起來。

有人從盧旺達剛回國，幫助政府策劃社區開發；有人去塞內加爾做了兩年護士；有人去巴西的日裔中學教日語；也有人去土耳其專門教劍道。

而即將有人去敘利亞和約旦的幼稚園進行幼兒教育；有人去老撾的小學教數學；有人去斯里蘭卡做日本料理的交流；有人去坦桑尼亞專門負責測量工作；也有人去莫桑比克專門教養牛養羊。

有一位 50 多歲的大叔，在日本做了 30 多年的水道工，通過這個項目去了加納，發揮自己的老本行，大力改善了當地的水道建設，還成了當地明星。歸國後，繼續默默無聞地給人上門服務修水管。

還有一位剛畢業的大學生，22 歲，大學在棒球部活躍，即將去巴西教棒球。他自嘲地說巴西都是踢足球啊，不知道棒球有沒有人要學，好在巴西有很多日裔，可以教他們。

　　剛從肯尼亞回來的前輩給即將去肯尼亞的後輩提醒道，一定要做好防蚊工作啊，那邊的蚊子簡直不是地球物種啊，你帶日本的蚊香過去都沒有用的。

　　但前輩更多會提及的是，出國後要忘記自己是日本人。因為日本人的思維比較固定，無形中拿日本和當地國家做比較，會有很多不如意。但既然是出國，習慣當地風俗才能避免劇烈的文化碰撞，也能更好地享受當地生活，如果學會當地的語言也有更多樂趣。

　　印象最深的是一位剛從緬甸回來的阿姨，說起自己回國三個月的變化，每次見到熟人，和大家打招呼「好久不見」時，感覺自己不是兩年前的自己，而眼裡的對方也不是兩年前的對方。她感慨地說，兩年在緬甸的生活或許讓自己有了更寬的視角，以及更柔軟的心。

　　他們當中有在職老師、公務員，有剛辭職的白領，也有自由職業者，講起參與的初衷，有人說在工作中接觸了很多外國人，想更了解外國文化；有人退休後想豐富自己；有人從小就知道這個活動，一直當作夢想在追求；還有人只是偶爾在地鐵上看到了宣傳海報。

　　這個項目和我參加的項目相似，大家不會提前知道自己將被派往哪裡，反而能變成另一種期待。決定出發是最難的，目的地反而不那麼在意了。

　　有一位很嚴肅的男生，有些擔心地問前輩，你們回國後怎麼辦？好現實的問題。知性阿姨沒有給出答案，只是告訴他，你可以

先去體驗即將開始的兩年新生活,答案會在這兩年裡靠近你。聽得我都心裡一陣踏實。

是啊,年輕的時候總是想要做太多,卻也顧慮太多,擔心下一步怎麼辦,擔心戀愛結婚生孩子怎麼辦,但躁動的心還是時不時竄出,讓自己恨不得放下一切衝動一次,卻終究還是反覆糾結。

其實,自己想做就去做。看到略有白髮、外語完全不通的大叔大媽,真的讓人心生感慨,出發,是一件可以隨時開始的事情。

即便沒有在青春年少時擁有蕩氣迴腸的經歷,只要還願意,哪怕度過了平凡無奇的前半生,也可以選擇不一樣的中年、不一樣的晚年。或許那時,有了更豐富的人生經歷,會更明白自己內心所向,也能更不顧一切地背起行囊。

世界很大，世界也很小

　　兵庫公館每年都舉行一些例行活動，除了之前提到的志願者項目，還有一個是「兵庫縣友好親善大使」的命名儀式。

　　所謂親善大使，顧名思義，是為日本和外國做出友好貢獻的人。這裡的「貢獻」，專指 JET 項目的分支 —— ALT 外語指導助手。參加的外國人被分到地方中小學，從事外教工作，負責口語教學，也協助學校舉行外語活動。參加 ALT 項目的基本是英文母語者，每年也有中文 ALT，但數量很少，畢竟英語課才是世界範圍的外語課。

　　每年都有 ALT 任期結束，準備離開日本。兵庫縣政府會召開送別儀式，由知事頒發官方認可的「大使」證書，感謝他們的付出，將國外文化帶給日本的孩子。

　　每次說起 ALT，都忍不住讚歎日本政府對學生國際化的重視。做友好大使的名單時，我發現了很多聞所未聞的地方，本以為我們平時去的學校夠偏僻了，才知道外教們去的地方更偏僻。一位 ALT 發言時說，她教書的地方連車站都沒有，出門基本靠自駕，否則寸步難行。局長問了是哪兒之後，也不得不安慰兩句，啊，委屈你們

了。可即便這麼偏僻的地方,還是標配外教,保證學校的英文水平,也保證學生的國際視野。

但另一方面,ALT 也是一種節省成本的做法。學校不長期聘用固定外教,而是流動聘用,短則一兩年,長也就三五年,避開了工資之外的福利成本。

參加這個項目的多為歐美圈青年,他們喜歡新鮮,喜歡改變。日本的教書經歷是一段旅程,結束後再尋找新的目的地。

於是,在互利雙贏的友好氣氛中,這個項目不知不覺延續了 30 多年,至今有 6 萬多名 ALT 在日本的學校工作過。

這次將要回國的有 30 人,從名單來看,美國人最多,12 人;其他有來自英國、澳洲、新西蘭、加拿大、愛爾蘭,甚至牙買加等英文國家的年輕人。

來日本前,他們基本沒做過老師,有大學應屆生、公司職員、自由職業者,只因對日本感興趣,在完全不會日語的情況下跑來了聽都沒聽過的城市。一位美國 ALT 說,來之前,兵庫縣在哪兒都不知道,走之前,兵庫縣成了他們在日本最熟悉的地方。

他們赴任時間也有長有短,短的一年,長的五年。在任期間,除了日常教學,少不了體驗兵庫縣的美好。知事略得意地問起,有沒有去過兵庫縣的代表景點,全員都舉手說泡過有馬溫泉①,去過姬

---

① 關西地區最古老的溫泉,在西元 8 世紀由佛教僧人建造的療養設施。位於兵庫縣神戶市北區有馬町,是日本三大溫泉(下呂溫泉、草津溫泉)之一。

路城，爬過六甲山看過神戶夜景，當然也吃過神戶牛肉，有個女生說她三年內體重增了 15kg。

問起最喜歡的兵庫縣事物時，澳大利亞姑娘說她住的地方看不到雪，在這裡可以當天往返滑雪場，嗨一天特別開心；加拿大小哥說最愛神戶牛肉；新西蘭的華裔女孩說最愛泡溫泉；美國姑娘說最愛吃神戶的甜點。每個人的記憶裡，都有在這裡經歷的難忘片段。加之歐美人擅長表達，有趣的表情手勢不停變換，嚴肅的任命儀式有了點派對的意思。

聊起回國後的打算，多是一副 it doesn't matter 的表情，看不出一絲對未來的憂慮。有人回國後繼續完成大學學業，有人愛上了國際交流，希望有機會做外交工作，也有人想找公司上班，有人想去學校繼續做老師，沒有具體計劃的也不乏少數。然而，連日本的大叔大媽尚且有無限可能，這些年輕人自然會有更豐富的選擇。

來自不同國家的人，因為對日本感興趣，在同一個時間來到兵庫縣，各自經歷了不同的事，認識了不同的人，有了不同的閱歷。這世界未免太小，把那麼多不同國家的人聚在一起。

發言代表的美國姑娘說，兵庫縣的經歷是一段旅程的結束，他們都將踏上新的旅途。彼處的遠方是無限延展的地平線，將此處的積累裝進行囊。離開日本，他們面前展開的是一個 big big world。如此想來，這世界又似乎很大，還有那麼多的地方我們不知道，還有那麼多的地方我們想要去。

看着他們輕鬆的神情，那種享受當下的態度，不免感慨：這旅

程哪有甚麼終點，不過是一段段經歷的累積，不過是把這個大大的世界活成自己的小小世界。

萬里歸來年愈少，

試問：遠方應不好？

答曰：此心安處是吾鄉。

傳說中的兵庫北

提起「兵庫北」，知道的人會心一笑，不知道的人一頭霧水。

緣起是日本聲優花澤香菜小姐在某綜藝節目裡，露出了燦爛的笑容，而恰好此時電視畫面的天氣預報上顯示的是「兵庫北」。從此香菜有了「兵庫北小姐」的美稱。聽到「兵庫北」，懂得的人會自覺想起香菜的笑臉。

有次活動，我被派往一個叫「濱坂」的地方，給老年大學講中國文化。打開地圖搜索才猛然意識到，我將要去傳說中的「兵庫北」了！

日本 43 個縣，只有兵庫縣南北都靠海，這是兵庫人自豪的事情之一。不過，南北狹長也意味着路途遙遠。我只好前一晚下班就趕大巴，單程 3 個半小時。到達時已是夜晚，路燈稀缺，沒有人，更沒有車，一片漆黑，沿着導航心驚膽戰地朝前走。

走了大概十分鐘，到達預約的和式旅館。老闆已準備入睡，帶我去了榻榻米房間，散發着一股木質房間慣有的霉味，也無法挑剔太多。不過第二天的和式早餐很豐盛，搭配了當地海產。

講座開始前，我在附近轉了轉。前一晚走過的漆黑街道，此時

「兵庫北小姐」花澤香菜

兵庫北位置

在清晨的晴朗裡，呈現出無比溫婉的畫面。沒有高層住宅，都是一戶建，門前的花花草草精緻地綻放着，看得出主人打理得很用心。奶奶們騎着車子準備去市集，或者坐在家門口和鄰居嘮家常，和她們擦身而過，不相識卻元氣滿滿地跟我打招呼「早上好」。

這裡很少年輕人，和每個小地方一樣。老年人留下來守着老房子，在這裡生活了一輩子，還要繼續和鄰里一起生活下去。沒有工業，讓這裡看起來比城市更通透。

這次來講課的地方也是老年大學。和負責人聊天後了解到，說是大學，更像是老年活動中心，平時給老人們提供外語、文學等人文課程，也有琴棋書畫、體育運動等興趣課，護理、養生等健康知識普及，定期邀請講師開小型講座。

老年人佔當地人口八成以上，如何提高他們的生活水平，成了

兵庫北的街道

我提前 20 分鐘到達教
室時，聽眾已來大半，
表情是滿滿的期待與
好奇，與平時去高中
做活動看到的懶洋洋
截然不同。

當地政府的最大課題。爺爺奶奶們很喜歡來這裡，比起家裡的清淨，和朋友聊聊天，是平淡日子裡最大的樂趣。

但兵庫北實在太鄉下了。日本 60 多歲的老年人屬於「團塊世代」[1]，年輕時經濟條件好，去過不少國家，中國也是必去之地。我在這裡試着問大家有沒有去過中國，只有寥寥數人舉手說去過，和後文提到的在豬名川町的反應完全不一樣。

即便去過，也是八九十年代的印象，是大家穿着中山裝、滿大街騎自行車的景象。我介紹說現在中國的大城市經常塞車時，大家難以置信；又講到中國高鐵的發展，速度比新幹線快，把整個中國連接起來，老人家們開始竊竊私語，有點顛覆他們對中國的認知。對日本的年輕人，我更願意分享常識性的知識，而對日本的老年人，我更多分享現在中國的模樣，因為他們腦海中的中國印象太久遠了。

講座結束，我急速趕往車站。日本每個城市的車站附近，有當地最熱鬧的商業街，但濱坂的商業街基本歇業，着實淒涼，和這裡的爺爺奶奶一樣青春不再。

環境優美，卻是冷清的美。年輕人遠走異鄉，只剩下步履蹣跚的老人。空氣裡流淌着一絲沉重的氣息，讓人不自覺放慢趕路的節奏。

....

[1] 指日本在 1947—1949 年間出生的一代人，是日本二戰後出現的第一次嬰兒潮，這代人被看作是 60 年代推動經濟騰飛的主力。

不小心錯過了剛發車的電車，只好再等一個小時。

一節車廂，稀稀落落坐了幾個人。短暫的停留，隨着電車的遠去而告別。

想起香菜的笑容，只覺兵庫北沒有香菜可愛。雖然我一向更愛田園景色，但那裡連便利店都沒有，實在很難想去第二次。

可如此偏僻的地方，來聽講座的奶奶們，衣着得體妝容精緻；學校撥款包吃包住，邀請各國交流員前來，給堅守在這片土地的老人們更寬廣的世界，哪怕沒有青春的氣息，但依然有着毫不示弱的熱情，恍若這裡強烈的陽光。

回到工作的地方後，有一個老家在濱坂的同事問我怎麼樣時，我誇了句「濱坂風景很好啊，魚又新鮮，感覺很宜居……」，對方直言不諱：「完全不宜居啊！所以我早早就跑出來了！」

濱坂的冷清美

謝謝你們喜歡中國

每次做活動都擔任老師，有一次很特殊，是當遊客，參與「初級中国語で案內する明石」（用初級中文帶您遊覽明石）的活動。

明石是兵庫縣南部的海濱小城，離神戶很近，電車十幾分鐘就到。不少人在神戶上班，但老家是明石，或安家在這裡。

面朝瀨戶內海，明石風景秀麗，空氣都比神戶好。縣民驕傲之一的明石海峽大橋就在這裡，過了橋直通淡路島。靠海自然海鮮肥美，章魚最美味。在神戶經常遇到明石人，提起家鄉都是一臉自豪。

明石海峽大橋全長3911 米，號稱世界上最長的吊橋。

　　這兩年日本自由行在中國內地盛行，大家也不再滿足於在大城市購物，一些小地方漸漸出現了中國內地遊客的身影，包括神戶旁邊的明石。

　　所以才有了這個活動。

　　我的工作是扮演遊客，配合志願者導遊一起遊覽明石市。室內的虛擬遊覽，把景點圖片黏在黑板上，大家用中文給我介紹。我要做的，就是看他們有沒有講清楚，提出遊客問題，讓他們提供解答。

　　通過排練，志願者們可以發現不足，提高導遊水平，更好地和中國遊客溝通。

　　活動相當嚴肅認真，半個月前大家開始踩點，寫講解稿，翻譯成中文，請中文老師修改，再回家練習，直到排練。一個志願者性質的活動操辦得像演講比賽。即便如此，也要經過篩選才能「上崗」。最後有 8 個日本人進入最後環節，考慮到明石的規模，能有 8 個中文好到做導遊的日本人，也是很不錯了。參加者年齡從 30 多歲到 60 多歲，除了一位大爺，其他都是女性，多是家庭主婦。

　　因公因私，我來過明石幾次，只去過海峽大橋，志願者介紹的景點，我都是第一次聽說。從他們的介紹中，我才知道這裡有好吃好玩的魚棚商業街 ①，紀念柿本人麻呂 ② 的柿本神社，松尾芭蕉 ③ 的紀

---

① 據說是約 400 年前與明石城同時誕生的歷史悠久的市場，全長 350 米的拱廊街林立着約 110 家商店，大多出售剛從明石海裡新鮮打撈的魚類和海產品。

② 日本平安時代的著名歌人，作品多收錄於《萬葉集》，被後世稱為「歌聖」。

③ 日本江戶時代前期的著名俳句詩人，代表作《奧之細道》。

念碑，夏目漱石題字的月照寺。之前還真低估了這座小城的魅力。

我手上有大家的演講稿，但刻意沒看，也聽明白了他們「一生懸命」（日語「非常努力」之意）的介紹。只是有些內容，我推測中國遊客不那麼感興趣，就在提問環節做了補充，連連拋出中國人愛問的「怎麼去？」「要不要門票？」「好玩嗎？」「有意思嗎？」「有沒有推薦的餐廳啊？」之類很實用的問題，眾人齊力給予了解答。一下午的時間，每個人說一個景點，我似乎實地遊覽了一圈明石。

很好奇他們為何中文說得這麼好，我在休息時間和他們聊起來，發現大多數人有過在中國生活的經驗，或者在日本有中國朋友，對中國有非一般的好感。志願者導遊是公益性質，若不是真愛，哪有動力被主辦方如此折騰一番才能上崗。

有一位日本姑娘，10 年前在無錫工作過，中文特別流暢。她略帶遺憾地跟我說：「中國多好啊！可惜現在的日本人都不知道……」

我挺懂她的無奈。做交流員的工作以來，每次講座上普及國內習以為常的事情時，才發現日本人對中國的誤會有多麼深，他們以為我們還在騎自行車，以為我們治安很亂，以為我們生活得很糟糕。

日本每年都做一次中日兩國好感度調查，中國人對日本好感度在逐漸提升，日本人對中國的好感度卻持續下降。尤其是年輕一代，因為沒趕上父輩那樣的好時代，每次儲錢出國旅遊，也多選擇崇拜的歐美，很少選擇來中國，也就少了機會了解真實的中國；反過來，近年赴日旅遊的中國遊客逐年增多，大家親身感受到日本的整潔守序和高度發達，來了還想再來。

但能夠出國旅遊的畢竟是少數派，沒有機會去對方國家的人，只能依靠單一的媒體渠道了解彼此，誤解和片面在所難免。

前兩年，上海一對夫妻在北京首都機場鬧事的新聞，日本媒體報道過，標題為「北京空港で乗り遅れた乗客夫婦が半狂亂になり滑走路進入」（北京機場夫妻乘客誤機，瘋狂闖入跑道）。其實這類事情在國內也會被指責，當事人也受到了懲罰，但日本人看到標題很容易下定論：「中國人果然……」原本不好的印象只能更差。

這種大環境下，選擇不相信媒體的失真，相信自己判斷的日本人，實屬可貴。也正因為他們了解真正的中國，才希望力所能及地給中國人提供便利，讓他們接觸真實的日本人，讓他們感受到，在日本，也有很多人喜歡中國。

正如我們不可能讓所有人喜歡自己，我們也無法讓所有人愛上中國。

所以很感激那些喜歡我們的人，同樣地，也謝謝喜歡中國的他們。

日本人的創意從娃娃抓起

每年 10 月初，兵庫縣會舉辦一年一度的「兵庫ミュージアムフェア」（兵庫博物館盛會）。

參展單位多是兵庫縣內各博物館和科學館，我們代表國際交流協會，也承包一個展位，展現異國文化。這個活動算是大事，我到任沒多久就接到了籌備通知，準備了小半年。大家一度很糾結預算有限的「慘境」下，怎麼體現國際交流。

兵庫博物館盛會

我在日本做公務員

　　琢磨了幾個月，我還趁回國之際帶來了很多熊貓周邊，拜託來日本旅遊的朋友捎帶了大白兔奶糖，才終於滿意自己想出來的漢服試穿、用熊貓剪紙做明信片、以及給《西遊記》的人物塗色。自以為頗有創意，直到現場還是敗給腦洞大的島國人民。

　　活動開始，我和同組的澳洲交流員 LUI，就遭遇了展位的冷清。小朋友一聽到我們熱情招呼，反而回應冷漠眼神，轉身投奔了其他展位。於是一片冷清中，我剪我的熊貓，她印她的考拉。

　　我好奇其他展位都是甚麼活動，便出去轉了一圈。這才發現，難怪小孩子都跑了，其他博物館展出未免太高端。

　　八音盒博物館搬來一架手搖式大型八音盒，小朋友旋轉把手，就能流淌出美妙旋律，操作簡單有趣；考古博物館，用一塊小木牌製作專屬銘牌，寫的不是普通漢字，而是根據考古資料，查出自己

我在兵庫博物館盛會展場。

名字的發音在古代是甚麼字，然後刻在木牌上，製作專屬紀念品；紅豆博物館的手作挑戰，以布作畫，把一顆顆紅豆黏起來，創作一幅獨一無二的紅豆畫作；陶藝美術館的徽章製作，先在圓形紙片上畫出自己喜歡的圖案，再選擇看中的徽章模型，可以瞬間壓製專屬徽章，獨一無二；貝類博物館，用貝類製作自己雕刻的裝飾品；水族館搬來了「鎮館之寶」大海龜，用木板圍起，小朋友還可以近距離觸摸；鄉土資料館教小孩子用勾玉製作專屬橡皮；排隊最長的是天文科學館，不僅教孩子如何識別行星，還可以用自己喜歡的行星製作冰箱貼！如此種種，不勝枚舉。

對比之下我們的插畫塗色、明信片製作好像太幼稚了，只好把責任推給「預算不足」。

孩子們想像力無窮，在活動的啟發下，打開了創作之門。看得我都忍不住動心，想去製作專屬紀念物。

後來，我們的展位也漸漸有了人氣，更體驗到日本孩子的創意。

原本我和 LUI 分兩個桌子進行，熊貓和考拉各佔一地。小朋友剪了熊貓黏在明信片上，問：「可不可以去蓋考拉的印章啊？」似乎沒甚麼不可以。

製作過程中，熊貓的圖畫部分有些難度，三四歲的孩子畫不好，爸爸媽媽在旁邊幫忙，把線條描得很重，方便小朋友剪下來。使用剪刀時，家長們不會干擾，也不會覺得危險不讓孩子用，而是在旁邊提醒如何剪得更漂亮。

雖然有些剪出來看不出是熊貓，並不影響製作的樂趣。會場處

處洋溢着「すごい！」（好厲害！）「すばらしい！」（好棒！）「可愛い！」（好可愛！）。到活動結束，小朋友手裡都拿了很多自己的作品，滿載而歸。

持續兩天的活動，對觀眾免費，體驗項目也不收費，只要前來，就可以帶小朋友享受充滿創意的奇妙之旅。當然，一些地點偏遠的博物館藉此得以宣傳。

參與一整天，最大的感受是日本小朋友的動手能力很棒，在耳濡目染的體驗環境下，才有了細膩的設計產品。

熊貓和《西遊記》是日本小朋友熟悉的中國元素。

日本教師不好當

兵庫縣與友城 —— 廣東省和海南省之間，有個長期合作的學校交流項目。

每年 11 月前後，中國的高中生代表團來兵庫縣交換遊學一週，兩省每年輪流。我在的那一年是海南省。

師生都不會日語，我全程陪同，也藉着機會拜訪了一些日本學校校長，了解了日本高中的教育一線。之前的活動去過中小學，去過高中，但多和學生打交道，又匆匆來去，很少機會和老師作詳細交流。

兵庫工業高等學校歡迎海南省遊學團

　　國內的訪問團是海南省排名前三的高中的代表老師，以及海南省教育廳的領導。參觀了兵庫縣名列前茅的公立學校、貴族學校感覺的國際高中，以及類似國內技校的工業高中，類型多，範圍廣，交流程度深。

　　每到一處，中國老師們最先關心學校規模，如校園大小，學生多少，答案往往大跌眼鏡。走訪的幾所學校裡，人數最多的是長田高校，也不過千人左右，平均到一個年級，大概 300 多人。中國內地有的學校一個年級就過千了。

　　海南老師說現在一個班是 50 人，好羨慕日本，一個班才 30 多人，老師應該輕鬆很多。

　　後來問起日本學校的上課時間，校長說「中午休息一個小時或 45 分，下午 3 點放學」，直爽的中國老師按捺不住內心的感慨：「哇！一個班這麼少人，老師的事情少了很多啊！」「放學這麼早！真羨慕啊！」

　　我明白他們背後的無奈。陪了兩天，看到他們不停處理來自中國的信息，多是學生家長，不論是不是歸老師管，只要和學生相關，都一個電話找過來。

　　坐在桌子對面的日本校長，不懂中國老師在激動甚麼，於是我告訴校長中國的高中規模以及上課時間。

　　校長趕忙說：「3 點下課不代表老師下班，學生們要參加學校的社團活動，大概 5 點多回家，老師們通常都要在學校加班到 7、8 點才走……」

「你們學生不寄宿，為甚麼加班啊？」這位老師在寄宿高中上班，手機 24 小時開機，隨時處理學生問題。

「老師的工作量，其實挺大的。」校長說。

「一週大概多少課時？」領導問了關鍵問題。

「每個學校不太一樣，我們平均一週 20 課時。」

「20 節啊？那確實比我們多。」國內老師們瞬間氣餒。

「中國學校呢？」校長好奇問道。

「我們最多 16 節。」

校長聽之，笑而不語。

但國內老師們不甘心，硬要比出自己的辛苦：「可是我們要管學生各種事情啊，你看在日本還要處理這麼多家長的電話，班主任就更辛苦了！」

聽到老師們的抱怨，領導一直低頭做筆記。然後想起甚麼似的抬頭對我說：「你幫我問下校長他們做行政的有多少人。」

校長瞬間變苦笑：「我，教導主任，還有一個秘書，3 個人。」

眾老師一片譁然，國內學校的行政人員特別多。

校長繼續說，「老師們下課都回不了家，學生的社團活動要負責，學生走了，他們要備課，處理其他行政工作，週末經常來學校加班，難得有休假。」

一聽此言，領導立刻說：「你看看你看看，你們還叫苦，日本老師比你們辛苦多了！」

老師們也毫不示弱，「那我們還得評職稱啊！你問問日本老師

評不評這個？」老師們望着我，期待着扭轉局勢。

「職稱」，真是個難以向日本人描述的概念。好在有同行的日本同事，解釋一番，讓島國校長也開了眼界。

「日本不評教師級別，大家都一樣，按工齡漲工資。」校長看了看剛見面交換的中國老師的名片，恍然大悟，「所以你們這幾位老師很厲害啊！都是高級！」

「這次來日本，也是獎勵這幾位最辛苦的老師啊！」領導果然是領導。

中國老師們繼續發問：「不評職稱，您怎麼管理老師呢？」我一時沒聽明白。「就是說，不評職稱，老師怎麼有動力積極進步，提升自身教學水平？比如，要不要參加研討會、研修之類的？」

轉述給校長後，答：「研修肯定有……」

沒等校長說完，國內老師接着問：「又不評職稱，那要是不想參加，校長也管不了？」校長和藹地笑着說：「肯定有人不想參加，還能怎麼辦，頂多把他叫到我辦公室說一頓唄……」大家聽着都笑了，「不過，老師對這份職業有強烈的自豪感，即便沒有級別，還是會自我要求，畢竟其他人有進步，自己也會不好意思。」

國內老師們有些驚訝，連連感慨島國體制的特別。也許，沒有硬件指標的自我提升，壓力，只會有增無減。

全校只有 3 人處理行政，校長的忙碌可想而知。但幾所學校參觀下來，校長都全程陪同，並和我們一起吃了午餐便當。

國內老師們習慣了午睡，這裡的行程每天都滿滿當當，追趕得

沒空喘氣，只能在開車間歇小憩片刻。島國校長們接待完我們，又精神滿滿地趕赴下一個活動。

　　參觀所至的每一間教室，日本老師都激情四射，始終微笑。教室裡，沒有麥克風，也沒有投影儀，一切靠黑板手寫。更艱苦的是，講台上連杯水都沒放。

「萬惡」的資本主義

每天中午吃完午飯，我習慣去樓下的全家買咖啡。

從各種罐裝，到自己買牛奶在辦公室做簡陋版拿鐵，再到最近買全家出品，我一直想不通，為甚麼辦公室熱水間不配一台咖啡機呢？全民獲益。局長每天喝好幾杯掛耳，閔桑和 Jack 每天買咖啡飲料，如此高糖，喝到閔桑體檢查出來膽固醇超標。

我自言自語的嘟囔，激起淺田小姐的共鳴：「是啊！大家集體湊錢也願意！」

島國政府的拮据大家都知道，我們不給政府添麻煩。

「那為甚麼還是一直沒有買？大家肯定都想要吧？」

「當然了！沒辦法，日本人嘛，大家都不說……」

明明就是大家都不想出風頭啊，好像誰說出來了，就是在辦公室貪圖享受的那一個。

之後，在辦公室傳閱到一份募集捐款的資料，仔細一看，是神戶人民年年期待的「神戶 Luminarie」[1]。

----

[1] 神戶 Luminarie 是為紀念 1995 年阪神・淡路大地震遇難者而舉辦的亮燈活動，於 1995 年 12 月舉辦至今，地點在神戶市舊居留地和東遊園地一帶。

　　官方活動，按理說，該由政府部門出錢，或者找企業贊助，但目標卻指向了公務員。

　　可以直截了當捐錢，也可以購買周邊產品獻愛心，有 200 日元一注的彩票，600 日元的圓珠筆、書籤、文件夾，1 千日元的購物袋，種類豐富，和商業化周邊無異。

　　見我略驚訝的表情，淺田小姐解釋：「其實以前都是企業贊助，最近幾年才開始搞這種募捐，政府太窮了⋯⋯」

　　但縣政府的「摳門」已在我心裡留下了刻板印象。

　　陪海南省老師參觀學校期間，有兩天是我和一位日方工作人員一起陪同。上午下午去不同學校，午餐就提前和上午的參觀學校打了招呼，幫忙解決，費用由兵庫縣教育課承擔。國內幾位老師很隨

在日本，冬天的必備節目之一是燈光展，而神戶最出名的燈光展就是「神戶 Luminarie」。

和，對幾百日元的冷便當也大快朵頤，但六個人，為甚麼只有五份便當？

四位老師是客人，自然一人一份，我無比尷尬，不知道吃還是不吃。日本同事趕緊解釋，第五份是我的，她沒有配餐，因為她是教育課職員，餐費裡沒有她的預算。

一桌中國人吃飯，讓人家看着，未免有些過分。何況，我的確不愛吃冷便當，就讓給了她；第二天，她自帶了三明治，我分了一半便當給她。

但比起後面的事情，便當事件小巫見大巫。

中間跨了週末，學生們去日本學生家 homestay，幾位老師被安排去京都和大阪觀光。語言不通，由一位日本同事陪同。

日本同事不會中文，國內老師不會日語，雙方英文又不太好，據說後來都是用漢字「紙談」。所以我很納悶，為甚麼做如此不合理的安排。

後來聽日本同事說，陪同出行的交通費是她自己承擔，沒有報銷；中午和國內老師吃飯的費用也是自己出，因為沒有預算；明明是週末加班，還申請不到一分鐘的代休。

難怪沒有安排我去陪同，我不是教育課的職員，產生的交通費和餐費，也就不好從我這裡「壓榨」了。

好在京都和大阪分開兩天，兩位日本人分別陪同，否則落在一個人身上，真是物質和精神的雙重壓力。

本以為只是個別部門的現象，後來聽一位同事講：「日本學校

裡這種事情很普遍。只要涉及陪同接待，幾乎都是老師個人承擔費用。」她曾經在高中教過英語，目前調來了管理部門。

　　日本人已深深嵌入這個職場文化，最多吐槽一下。因為他們永遠有個金句：「這是工作……」

當我們的校園更高大上時

你知道關島嗎？如果知道，了解多少？

於我來說，聽過名字，知道那裡有很多日本人，現在是美國屬地。

有次活動，我們去一所郊區高中，參與學生的修學旅行交流會，目的地正是關島。別說我和韓國交流員，美國交流員也擔心地吐槽：「關島，我也不熟啊，從美國去比從日本去還遠……」

事前我們和學校老師郵件溝通過活動內容，但當天，我們還是兩手空空，也頭腦空空地坐上電車。以前去學校，懷揣着有 PPT 的 U 盤，心裡有底。這次只好互相安慰，「臨機應變」（「隨機應變」的日語說法）。

進入體育場，全校 900 多人齊聚一堂，算是大學校了。

講台上掛着活動主題：「グローバル人間になる」（成為世界公民）。

和校方再次確認了活動流程：先是學生們的演講，有菲律賓志願者的活動報告，有去澳大利亞調研流浪漢現狀的彙報，還有校內各種調查報告的成果彙報，如智能手機的使用現狀、性別研究等；

後半程是關島的旅行交流，學生和我們的對談 —— 如何成為具有國際視野的人。

學生的彙報有長有短，有深有淺，都是少男少女們眼中的真實世界，聽起來很有趣。

後半程，我們坐在主席台，有點像領導，接受台下學生的提問。暖場的問題還是那幾個，「你們為甚麼學日語？」「你最喜歡的日本料理是甚麼？」「你最喜歡日本的哪個城市？」。我的回答也是標準式的，「因為我父親以前在日本工作，我從小就對日本有興趣。」「我最喜歡鰻魚飯，現在在神戶也愛上了神戶牛。」「之前喜歡京都，因為是古都，現在覺得神戶更宜居。」

後來學生講起了關島旅行的收穫，說在那裡遇到了很多移民二代，甚至三代，感覺他們既不是日本人，也不是美國人，有一種很

一下午不用上課，學生們嘰嘰喳喳鬧翻了天。

複雜的感覺。可能這個年紀還難以理解「身份認同」的重要性，但於他們來說，長大後再回望會是很特別的經歷。

我當時很驚訝的是，參加「關島修學旅行」的並不只是講台上的幾個學生代表，是這所學校的全體高二學生。聯想到這所學校的偏僻，我又一次被日本教育所震撼。

我深知日本人為了「國際視野」有多努力。

JET 項目的 ALT 遍佈島國各地，再偏僻的農村學校裡，也能看到歐美人，保證 native speaker 的存在；學校還鼓勵學生思考國際問題，包括邀請我們去學校演講。我常在教室的黑板上看到學生完成的調查報告，主題有「移民考察地圖」、「英語名人演講原稿整理」等，從小培養成為「世界公民」。

但以為他們如此就忘記了日本文化嗎？

才沒有，日本人比誰都會保持傳統。曾經去過一所農村高中，居然有間私藏書庫，保存着神戶市圖書館都沒有的日本古籍。校長說，每年都有神戶大學的畢業生為了寫論文，跋涉幾個小時的電車過來查資料。

同樣是這所高中，選修課有日本傳統舞蹈。學校老師不會教，他們就邀請專業人士，每週來校兩次。訪問那天，剛好看到他們開心地在跳舞。

在另一所高中，學校選修課設置了烘焙課，邀請神戶烘焙學校的老師來示範。觀摩的那天，大家在做水果蛋糕。工具很專業，連昂貴的草莓也足量供應，只為給學生最好的上課體驗。

一所農村高中的私藏書庫

日本舞蹈課

烘焙課

　　走到音樂室，電子琴、吉他、貝斯排了一整列，還有一架好看的三角鋼琴。陽光灑落進來，畫面閃閃發光。青春，不就是這種感覺嗎？

　　這所歷史悠久的學校裡，至今保存着一座 80 年前建校時的小洋樓，被列入縣內文化遺產。但沒有限制，出入自由，還有學生的合唱練習室。午休時間，優美的歌聲蕩漾在暖陽裡，恍若天堂。

　　去過的這些高中，硬件配置大概不如國內一些高中，來參觀的國內老師也好奇，日本這麼發達，為甚麼教室沒有普及投影儀，操場沒有普及塑膠跑道，校園這麼小，教學樓這麼舊。

　　可是，當從校外走進課堂，才知道日本教育的「發達」在何處。

同一片天空下，不同的生命

學校訪問是交流員最主要的工作。我去過一所特殊學校——「兵庫縣立神戶特別支援學校」。日語裡，「支援」有「助殘」之意，這是間殘障學校。

在日本居住後，有個明顯的感受是，路遇殘障人士的頻率特別高。起初我以為是人數比例高，慢慢發現是日本的殘障設施好，大多數殘疾人，無論身體殘疾，還是精神殘疾，都能去學校上課，或者接受技能培訓。他們像正常人一樣大方出門，且出行便利。

我去特殊學校做的活動，和普通學校一樣，分享中國文化。

前期聯絡時，我挺忐忑，想像不出要面對的學生。聽老師說，學生的年齡是初中二年級，但智商只有小學低年級水平，甚至是幼稚園水平。不太認字，只能看懂假名。

提前到達學校，我默默做着準備。接近開始時間，學生們陸續靠近。遠遠地，我在教室就聽到了走廊裡傳來的尖叫，有些驚訝，聲音不是一般的高亢。

在老師和監護人的指揮下，學生們坐齊，一共 12 人。我望過去，有的孩子是唐氏患者，有的孩子看起來像自閉症，一直捂着耳

朵，有些像躁動症，無法安靜下來，還有些孩子，表面上看不出任何問題，但之後才出狀況。我內心有些犯難，怎麼溝通呢？還是第一次遇到這樣的情況。

我試着放慢一半語速，簡化信息，多放圖片，認真觀察他們給我的語言和身體回應，加上經驗豐富的老師從旁協助，沒想像中那麼難操作。

和正常的孩子一樣，他們看到熊貓的畫面會突然興奮；我問起日本的十二生肖，他們自豪地對答如流；我準備了國內帶來的小禮物，是印有熊貓圖案的文件夾，他們非常開心地收下。這些瞬間，我會忘記他們的不正常。

但現實又如此殘忍，有些內容我重複很多遍他們也聽不懂，想自己畫畫時卻拿不好畫筆，突然情緒失控。

負責活動的老師說，這間學校有 200 多個學生，從小學到高中，智障程度不一。有些孩子的殘疾，可以肉眼看出來，有些屬於情緒障礙，接觸後才知道。

有個和我互動較多的小姑娘，完全可以正常對話，卻在畫畫時遲遲不能下筆。據說她事事要求完美，一旦畫得不好，就會開始暴躁……類似這種，情況不一。

學生們不住校，校巴接送，或者監護人接送。這讓我想起每天早上上班時間，我在同一趟車廂裡經常遇到的一對父子。爸爸一直拉緊兒子的手，雖然兒子比他還要壯，但看得出，他有些智力障礙。可能爸爸每天都帶着兒子去學校上學。

很難想像，日日陪伴這樣的孩子是怎樣的心情。老師說，很少有教育方向的教師願意來這裡教學，需要輪換調遣。

但這所學校每年堅持提出申請，希望國際交流員來校做文化講座，每次一個國家、一個主題。哪怕學生們聽不太懂，哪怕學校交通極其不便，也要盡其所能，讓他們知道日本之外的事情，和其他孩子一樣。僅憑這一點，也足以讓嚴寒中的我溫暖許多。

活動做完，拿到禮物的孩子露出了笑臉，和教室的暖氣一樣溫馨；走出學校，抬頭望望藍天，雖然寒風瑟瑟，卻有一種莫名的清爽。

生命的形態那麼多，但每一個生命，都應該豐滿。

日本小學生的午餐

得知又要去小學做活動,身經百戰的交流員們,第一反應是穿厚點。

日本的小學甚麼都好,就是有一點很揪門,冬天沒暖氣。我們不比小朋友,年齡大了,怕冷。何況,關西地區的室內體感,基本等同於戶外。

又得知當天活動後,我們要在學校吃午飯,就特意在早上多吃點,好頂飽到中午。之前的經驗告訴我們,學校的配餐只管飽,不管好,偽裝都難以表現出「好吃」的表情。每次參與學校的活動,我們都期待對方說不管午飯,我們出了學校門口,轉身拐進拉麵店,吃個熱騰騰的痛快。

細想來,對兒童進行殘酷「寒冷教育」的國家,全世界大概只有日本。在氣溫低到 10 度,甚至 5 度以下的寒冬,無論中小學還是高中,學生的校服看起來還是夏裝。女生的裙子,男生的短褲,和提到小腿肚的襪子之間,「絕對領域」①生生成了「受凍領域」。

① 絕對領域是一種日本主流社會也使用的御宅族文化用語,指少女穿迷你裙與膝襪時大腿暴露出來的部分。

世界很大，世界也很小

孩子們早上出門時，都裹着長外套去學校，一到校就脫掉，齊刷刷露出一排凍紅的小細腿。如果是在體育館做活動，冷如冰窖，孩子們凍得直哆嗦。

學校的午餐時間

　　經受了一上午的寒冷，不難理解他們，滿心期待午飯時間快快到來。

　　日本學校裡的配餐叫「給食」，幾乎全國的小學生都統一在學校吃。除了他們的校服文具、在校用品一樣，吃的東西也高度一致，從娃娃抓起的平等觀念，影響島國人民一生。

　　到了開飯時間，大家整齊劃一地套上白大褂，是為了防止把校服弄髒。當天的午餐值日生從料理間抬來一桶桶的伙食，然後分工合作，分發全班同學的飯菜。默契程度像流水線，有人裝飯，有人打湯，從前到後依次傳遞，到最後一個值日生手上，配餐完畢，發給排隊領餐的其他同學。

　　拿到自己的餐盤，回到座位，大家等待班長發號指令，一起說「我開吃啦」，摘掉口罩，拿起筷子。先領到餐盤的同學，一直在耐心等待所有人，沒有人搶先開動。

　　開吃後，一些女孩子端着盤子，又走回了飯桶旁。她們知道自己吃不完，在開吃前把盤裡的食物倒回桶裡，而有些小朋友剛好不夠吃。如此，既不浪費，又能和諧地食物共享。

　　當天的配餐是，一碗半溫的酸菜炒飯，沒有蛋黃醬味道的土豆沙拉，兩條又硬又鹹的乾魚條，一碗肉片蔬菜湯，一盒 200ml 的牛奶。看到這樣的午餐，我們幾個人雖然身在不同教室，但內心的想法應該是接近的：還好早上吃得多。

　　但其實這是我吃過的「給食」裡，相對不錯的一頓。我在其他學校吃過乾巴巴的餐包、涼冰冰的可樂餅，以及沒有味道的蒸蔬

世界很大，世界也很小

當日「給食」

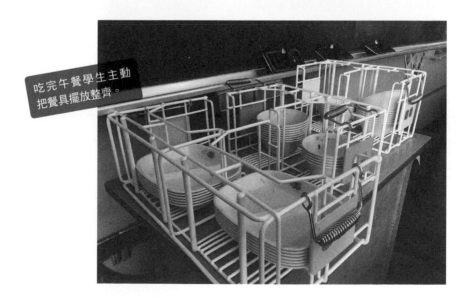

吃完午餐學生主動
把餐具擺放整齊。

菜，硬生生嚥下去。

孩子們倒是吃得津津有味，還不停地說：「好好吃啊！」真誠不做作的表情，讓我相信這是真心話。也許是受凍了一上午，發自內心渴望食物的溫暖。

只有魚乾被不少人吐槽：「有點苦哎……」但這麼說着，大家還是乖乖吃掉了。比起味道，不浪費食物的理念在他們腦海中更深刻。

我吃了一根魚乾，瞬間有些味覺不適，惆悵起第二根要怎麼處理。坐在我旁邊的小胖子卻說「我喜歡吃這個魚」。我趕緊說：「你喜歡啊？那把我的這根也吃了吧？」他楞了一下，表情是想吃卻又覺得不應該吃，有些扭扭捏捏，周圍的女孩子們慫恿他，「沒事沒事，你快點拿！」「我們不會告訴其他人的！」

小學生終究是孩子，吃午飯也能鬧翻天，前後排嘰嘰喳喳，有人把魚頭串進筷子裡，當成「鯉魚旗」玩弄。班主任坐在教室前排的角落，吃着和孩子一樣的給食，卻完全沒了課堂上的威嚴。

用餐時間半個小時，速度慢的孩子拖到了最後一分鐘，吃完的小朋友把餐具歸類放好，碗碟筷子擺放整齊，牛奶盒用水沖洗乾淨後，按要求剪開成統一樣式，以方便回收。但無一例外，沒有人剩餘食物。

吃飯時和小朋友聊天，問昨天吃的是甚麼，小胖子說是他最愛的煎餃，然後旁邊的小姑娘兩眼放光地說：「明天中午吃麵包！我最喜歡麵包！」

西餐、日餐和中餐日日不重複，但我揣測，都不會好吃到哪裡去。

　　我有個陰謀論的想法，覺得日本人不挑食，大概是因為從小沒吃過好味道，畢竟這麼難以吞嚥的食物，在小孩子口中也是無上美味。但我又不得不承認，從低齡開始培養的基礎食物教育觀，也是近幾年興起的「食育」，影響了日本人今後很多價值觀。也難怪辦公室裡分發的外國點心再難吃，日本同事也盡量邊吐槽邊哭着吃完。

　　別看食物不好吃，管理倒是非常嚴格。

　　神戶市小學生的給食配備，由縣廳的教育委員會統一負責。他們會在官網公開每個上學日的午餐食譜，仔細看才知道，不只是每週不重複，甚至一個月都沒有一樣的菜單。營養均衡方面來衡量，完全合格；每一道餐食包含的原材料，從米麵來源到醬油等調味料，全部列出來。

　　具體吃甚麼，每個地方政府的規定略有差異。在神戶的小學，一週五天的食譜中，兩天是主食麵包，三天是米飯。大米用兵庫縣產品，麵包是當天烤製後送到各個學校，由指定工廠提供，牛奶也是一樣。使用的蔬菜由神戶市運動教育協會統一採購，原則是盡量

2017 年 1 月份神戶市小學午餐菜單（資料來源：神戶市役所官方網站）

用日本國內產，主要從新鮮角度考慮。

制定營養餐單也要有依可據。日本的文部省有規定，學校午餐要滿足孩子一天所需熱量的三分之一，即650卡路里左右，鈣含量要達到一天所需的二分之一。所以政府公開的食譜裡，也會詳細標註每頓飯的營養含量，看起來寒酸的配餐，實則包含了兒童每日所需的蛋白質、鐵和食物纖維等，只要好好吃「給食」，就不會缺營養。

此外，對配餐衛生的嚴格把關也是重要一環。有一項規定是，所有食物要當天烹煮，而且必須在做出的2小時內食用完畢。至於魚肉蛋等葷類，製作時的溫度必須達到75度以上，且連續加熱1分鐘。如果遇到颱風等惡劣天氣，學校臨時停課，當天所有食材都要全部處理掉，禁止繼續使用。

如此用心的午餐，費用是多少？官網會列出採購食材的成本等數據，給出合理售價。神戶市的定價是260日元，包括一瓶牛奶。原材料漲價時，「給食」也會漲一點點，但感覺還是比媽媽的手作便當便宜，難怪日本的家庭主婦們如今越來越輕鬆了。

上課前，孩子們有20分鐘的玩耍時間。吃飽了飯，大家光着腿撒歡地滿操場跑，或許跑起來才不會冷。負責打掃衛生的孩子，卻摸着涼水，趴地上認真擦地板，還要清潔自己用的廁所。

從學校出來，坐上溫暖的電車座椅，終於暖和起來。可是，吃的少又沒油水，還沒到下午茶時間已開始肚餓，大家果斷去便利店加了一餐。

每次從小學回來，我都忍不住開始總結，以後用得上的育兒方法。

有一種幸福叫美莎子

美莎子是辦公室的同事，是縣廳的非公務員，一位身材瘦削個頭高挑的日本女性，4月新入職。

來這裡工作的前幾個星期，大家都感覺她幹練又高冷，每天在辦公室利落地處理各類事務，雷厲風行，還要負責辦公室的雜務，包括處理垃圾、給熱水器加水等等。事情太多，只見她在不停地找人簽字蓋章、接打電話。她是京都出身，一開口就是京都方言的口音，聽起來無比酥麻。而一到下班時間，她就背上雙肩包匆匆離去，不知道在趕甚麼場。在辦公室裡，我幾乎和她說不上話。

後來，有幾次活動一同參加，一來二去，聊得多熟了起來。她告訴我們，除了白天上班，她還在上夜間大學，每天一下班就得趕電車去學校。為了上課不遲到，她主動申請縮減午休時間，以便下班可以提前 15 分鐘走。

她有個 7 歲的女兒，有時候要去學校參加女兒的活動。

我們一致的感覺是，這也太拚了，工作育兒兩不誤已經很難，還要讀大學。外表瘦弱的美莎子，在我們心裡的形象突然高大起來。但如果只是停留在這裡，也不過是個勵志的辣媽養成記而已。

後來有幾次一起參加英語角，美莎子流利的英文連 Jack 也兩眼放光。美莎子還請教 Jack 面試的細節，因為她正在申請模擬聯合國的項目。

有次無意中說起這個事情，我說你英語好棒，她謙虛地說了句，以前在澳大利亞留學過而已。

再後來，她的辦公桌搬到了我斜對面，中午就有機會一起吃飯，聊的東西也越來越多，感覺她和普通日本女性不太一樣，沒那麼多婉轉迂迴，也許是在澳大利亞呆過 8 年的緣由，她說話更直接也更有趣。

聊起日本社會對推着嬰兒車使用公共交通的現象似乎不夠包容，經常看到文章說推嬰兒車坐地鐵和電車佔用了太多地方，讓原本高峰時期的車廂變得更擁擠。美莎子直接調侃道，開甚麼玩笑，本來就少子化了，日本人應該多感謝這些願意生孩子的人啊，還指責，下次見到推嬰兒車的父母要對人家道謝才是！

她也毫不介懷地聊一些私人問題，包括自己的事情。她主動說起，她是單親媽媽，又補充道，不過我不是離婚的那種，是我懷孕之後，和那個男生沒能在一起，於是一個人生了孩子帶大的。她說得一臉平靜。

後來慢慢了解到當時的美莎子 29 歲，而那個男生才 21 歲，這段感情以男方家指責美莎子為結局無疾而終，而美莎子也曾猶豫是否要選擇單親媽媽的道路。

她說，自己在澳大利亞學的是醫學專業，本打算按部就班地回

日本進醫院工作，突然出了這個狀況，如果不要孩子就和她當醫生的初衷背道而馳。本來是想救人，自己先摧毀生命，無論如何不能接受。於是，她生下了 Sakura，她女兒的名字，日語裡「櫻花」的意思。

小櫻從來沒見過自己爸爸，因為對方後來組建了自己的家庭。美莎子也不會刻意對她隱瞞事實，會認真地跟一個孩子說事情的前後，並且反覆告訴她其實爸爸很愛她，只因不想孩子內心埋下仇恨的種子。而她自己也這樣陰差陽錯地沒能去醫院，英語好的日本人太難得，她一直在不同的國際機構從事兼職工作，以方便帶孩子。

她很平靜地說起這一切，沒有委屈也沒有抱怨，甚至還自嘲地說好想找個好男人啊，但我這種條件的很難找之類⋯⋯

她知道我喜歡京都，於是某個週末邀請我去她老家玩，在京都附近一個我還沒去過的小城市，我欣然前往。在她媽媽家裡，我見到了她女兒，一個略顯早熟的風一般的 Sakura、懂事，體貼。

美莎子每週帶 Sakura 回媽媽家一次，其餘時間獨自帶孩子。原本日本的育兒觀就和中國內地有很多不同，她也從沒想過直接把孩子扔給媽媽帶。

看到祖孫三代三個女人其樂融融，似乎也看不出這樣有甚麼不好，反而會被她們的和諧與溫暖感染，那不是一種自怨自艾式的小幸福，而是充滿了自信張揚的快樂，感受到的竟是一種更積極向上的力量。

我在一旁看着她們，尤其是看到美莎子終於在自己媽媽家得以

悠閒片刻的神情，用着精緻的餐具享受着午後咖啡茶點的閒適，忍不住想到一句話：或許，有一種幸福叫美莎子。

可能在曾經的某些時刻，她也嚮往過普世價值的幸福，找個相愛的人，結婚，生子，工作，一起老去。但命運的發展就像掌紋的變化，誰也不能預料到這條看似平坦的幸福之路上會遭遇甚麼意外，又引領我們朝着甚麼方向而去。

在普通人眼裡，美莎子的遭遇是不好的，不僅耽誤自己，也影響孩子。可是我竟在她身上感受到了一種比普通幸福更強烈的力量，是經歷了深夜的爬山在山頂等待日出時，那種若隱若現卻又充滿希望的朝霞般的幸福。她在努力又努力地向上，想要衝過重重雲層，折射出耀眼的光芒。

美莎子心裡清楚周圍人的眼光和看法，但因為內心強大，她才自嘲地說起自己的故事，沒有悔恨，更沒有悔恨而導致的放棄。她比任何人都清楚，沒有誰能絕對地讓自己幸福，更沒有誰能絕對地讓自己陷入不幸。人生那麼長，惟有自己始終努力，才會無限接近自己想要的幸福。

和她在一起聊天，很少說到女孩子喜歡的美容化妝電視劇之類，她對異文化交流和社會現象更感興趣，也問我很多中國的事情。有一次，她在大學的公開課上提出沒有切身感受到政府對單親媽媽這個群體的關照，開課的同志社大學[①]教授專門為她開了一場

[①] 一所位於京都的日本一流私立大學。

講解日本女性福祉政策的講座。

這就是美莎子，當我問她可不可以把她的故事寫出來發表的時候，她爽快答應，說當然可以啊！真是輕鬆！

看到她總想起羅曼羅蘭那句話，「真正的英雄主義只有一種，就是在認清生活真相之後，依然熱愛生活」。

我們不必刻意成為英雄，卻可以讓自己不被真相輕易傷害，如此，才可以活出自己的姿態，自己覺得幸福的姿態。

橋下君去研修了

橋下君是辦公室新來的應屆生，和我入職時間相同，座位在我左邊。

因為是男生，大家都叫他「橋下君」，22歲，辦公室裡最小的。

和他共事了幾個月，深入交流不算多，但每天從早到晚坐在一個大辦公桌，抬頭不見低頭見。從這位個頭不高、大眼睛撲閃、愛吃麻婆豆腐的日本男生身上，我對「典型」日本人有了更具象的理解。

有一次橋下君去東北震災地研修，他不在的幾天，最大的感覺是世界安靜了，因為他的電話特別多。新人有一項主要工作是負責聯絡，從早到晚，放在我倆桌子中間的電話不斷響起。他接電話特別緊張，除了固定那句「我是兵庫縣廳國際交流課的橋下，多謝您平時關照……」說得特別順之外，後面就聽他一直在「あのう……ええと……その……この……ああ……」（這個……那個……呃……啊……）這幾個詞之間竄來竄去，坐在我右邊的淺田小姐，每次聽他打電話也很緊張，豎着耳朵聽，好隨時幫忙。橋下君對面的森先生，恨不得把聽筒接過來幫他說。所以橋下一接電話，感覺我們組

的人都停止了手頭工作，畫面定格。幾個月之後，他還是常常緊張到嚥口水，無助時撲閃着大眼睛，呆萌地望着上司。有時候人多嘴雜，大家把他越說越暈，索性接過話筒留他一臉無辜，好像自己做錯了甚麼。外語電話也會有，英語還能勉強對上兩句，轉接英語翻譯；稀有語種就麻煩了，他說有一次不知道甚麼語種，一接通就用類似英文「jump」發音的單詞打招呼，瞬間僵住了。

我的出勤時間比正式公務員晚，我到辦公室的時候橋下君已在，下班時他還沒走，我完全不清楚他的工作時長。有一次大家都出去辦事了，就剩我倆，見他略放鬆，閒聊了幾句。他說老家是姬路，工作後在神戶租了房。坐電車上班要一個多小時，他每天七點前就出門了。問他每天幾點下班，說有時候早，六點多，晚的時候八九點也常見。其實，正式公務員的下班時間和我們一樣，都是五點半，但工作狂的日本人幾乎沒人按時走。我心直口快，問他真的有這麼多事情做嗎？他說上司沒走，他也不好意思走。

也只有上司不在的時候，才敢和他說兩句話。其實，領導明明是個超好說話的居家男，但橋下總戰戰兢兢怕自己搞錯甚麼，去衛生間都要很小聲地通告大家「我去下洗手間」。我和淺田都好希望有男同事提醒他，不用每次都彙報，可惜一直沒有。他堅持不懈地每天播報好幾次，每次站起來還會禮貌地把椅子推好。

領導讓他跑腿去送材料或者寄東西時，他都一路小跑，遠遠都聽到他急促的腳步聲，好像怕領導覺得他耽誤一分一秒。六月時空調還沒開放，每次回來他都滿頭大汗，坐在椅子上一邊喘氣，一邊

只有看得多，才活得更溫柔

繼續噼裡啪啦敲電腦。有時實在太熱，就拿出街頭分發的塑料小扇子扇一扇，活脫脫看到了他的中年模樣。

他的禮貌也讓我咋舌。日常自不必說，找我打中文電話，或者讓我幫忙寫中文的郵寄地址時，像是給我添了天大的麻煩，反反覆覆道謝，我不得不禮尚往來，一遍遍說「客氣客氣」。他有次好奇地問我，「高桑是不是在這裡工作第二年了？」我說和你一樣今年新來的，他瞪大眼睛無比驚訝，像是自言自語一般，「你怎麼那麼淡定啊……」我心想明明是你太緊張。

看到如此認真過頭的橋下，我說他「かわいい」（好可愛），淺田會同情地說「かわいそう」（好可憐）。我說，感覺在他身上看到了典型日本人的身影，淺田趕緊補充，是上一代日本人哦，現在的年輕人可是很少有他這種畢恭畢敬的了。也是，隔壁經濟課有他的同期小夥伴，和橋下的風格完全不同，大大咧咧的 RAP style，感覺走路都能 ROCK 得顛起來。

現在的日本年輕人很少如此，但橋下的父輩，也就是現在成了大叔的日本男人，都經歷過橋下這樣的年輕時代吧。畢恭畢敬、一板一眼、小心謹慎又勤勤懇懇，被稱為「工作機器」並不誇張。經濟的高速增長，也正是這樣一點一滴鑄就起來的。

橋下君的中國行

　　來國際交流課半年後，亞洲組的橋下君迎來了他的第一次出差，也是他第一次出國，去中國的友城廣東省，期待中夾雜着不安。

　　雖然每天上班都見到我這個中國人，但和他說日語，沒能給他鮮明的中國感。出發前一個月，他開始和我討教一些零碎的東西。

　　先是認真地學了中文寒暄語，之後會說簡單的自我介紹，他很有語言天分，聲調陰陽頓挫不跑偏。

　　後來開始問問題。

　　「高桑，廣州去東莞遠嗎？我們的行程有這個地方。」

　　「高桑，你知道東方酒店嗎？我們這次住這裡。」

　　「高桑，和中國人乾杯，自己的杯子是不是要比對方低？」

　　……

　　「高桑，中國人親不親切？」

　　前面的還算是問題，最後一個是甚麼意思？難道忘了我是中國人嗎？

　　橋下是乖乖仔類型，第一次出遠門，興奮和緊張都寫在了臉上。他去出差的那一週，課裡的人一看到他空着的座位，就嘟囔一

154

句：「橋下君在中國大丈夫（日語意為「沒問題」）？」

我擔心一些中日文化的差異造成誤會，就在他出發前，半認真地提醒道，中國有些習慣和日本不一樣，比如中國人說話直接，不像日本人委婉，所以遇到說話太直接的人不要太介意。

就這樣，他奔赴了廣東，連手機網絡都不知道準備。我提醒他中國處處有 WiFi，但他可能很少想起。

一週過去，週一上班見到了歸來的橋下，一臉疲憊相。大概，過了相當奔波和忙碌的一週。

他年齡小，前輩少不了關心，大家紛紛問起他的首次國外行。然而，不論誰問，這傢伙都說一個詞「いろいろ……」（「發生好多事情」的意思），還帶着一臉的無奈。

「いろいろ」可就意味深長了，通常帶有「一言難盡」之意。

是被騙了？行李丟了？還是錢包被偷了？

淺田小姐深諳此道，試探着問了一句，「是不是在中國拉肚子了？」

「倒沒有，在中國吃得挺好的。」

我趁機問道，「都吃了啥？」

「青蛙！吃的時候不知道是青蛙，吃完了才知道，沒想到這麼好吃！」

「嗯，廣東人愛吃，不過我不敢吃。還有呢？」

「還有鴿子！這個也好吃！」

「對對，紅燒乳鴿！超有名的，日本都見不到。」

「嗯，竟然還是一整隻端上來的！香港事務所的同事連頭都啃了，真厲害！」「還有豬蹄，中國的豬蹄居然有骨頭哎，日本的都是去骨頭的⋯⋯」「還吃了三文魚，不過中國的三文魚怎麼像摻了水，濕噠噠的⋯⋯」

圍繞着吃，橋下愉快地回憶起了中國之旅。

他說最驚訝的是，餐廳的客人用同一壺茶水，又洗碗筷又喝，不知道洗碗筷幹嘛，但是茶水挺好喝的。

還誇讚中國女孩子很潮，看起來和日本女生沒區別，不過中國男生好像都是一個髮型。

中國司機也給橋下留下了深刻印象：「原來中國人開車好猛，還可以按喇叭加塞啊⋯⋯」

然而，對那句「いろいろ」，我始終存疑，但不好在辦公室刨根問底。

到了中午的例行午餐，只有我們幾個交流員的時候，橋下終於一吐為快。

「其實，是有個妹子喜歡我⋯⋯」

「納尼？日本妹子還是中國妹子？」大家最關心的問題。

「中國的。」

「怎麼會有中國妹子？」我好奇了。

「我們不會中文，接待單位找來了會日語的大學生，來做翻譯志願者⋯⋯」

「會不會是你自作多情啊？人家有說喜歡你嗎？」澳洲妹子

犀利。

「她跟我告白了，第二天開始，她就一直和我靠近，直到週五準備走的時候，她把我單獨叫到一邊，說喜歡我甚麼的……」

「那你答應了嗎？」美國小哥一臉平靜。

「怎麼可能答應啊……」橋下一臉驚悚。

「怎麼不可能，難道不是你的菜？」

「嗯，算是吧，所以我直接拒絕了……」

「多直接？」韓國妹子好奇道。

「我說不好意思，我不是很喜歡你，大家還在等我呢，我就走了……然後她還問我要 LINE，我沒給，要是她還不停給我發信息，多麻煩啊。」

「你也太直接了吧？」戀愛經驗豐富的 Jack 教育起橋下。

「其實我也很為難……從知道她喜歡我就開始為難了，我還是第一次遇到這樣的事情。晚上都睡不着，妹子的臉一直在我眼前晃啊晃……然後我就想起高桑跟我說，中國人說話比較直接，我就乾脆利落地拒絕她了！」

正在吃拉麵的我幾乎要噴出來了！

拜託！這完全不是一種情況哎！怎麼用在了告白的畫面裡！

回到單位，辦公室的人都知道了，一同去的領導一路在拿橋下開涮，回來也要繼續挪揄。於是，「哎呦，橋下中國行不錯啊」「嘖嘖，豔遇啊」……

「中國不錯吧，下次單獨去旅遊如何？等我回廣州招待你。」我

助攻一把。

「啊？萬一再遇到那個姑娘咋辦……」

我就一直在思考，那姑娘究竟看上了橋下君哪一點呢？

原來也有這樣的日本人

我們很容易用標籤來定義某一群人,比如覺得日本人小家子氣,以及「表裡不一」。

和日本人一起出去吃飯沒被招待過,買個飲料也要 AA,每次喝了酒才會說幾句大實話⋯⋯

以偏概全的事情多了,標籤只會越來越明顯,只要見到類似情況,心裡就會冒出「さすが⋯⋯」(日語單詞,意為「果然」)就像我每次外出做活動,都知道大概是甚麼流程了,去到地方,客氣寒暄一番,然後開講,結束後再客氣寒暄一番,回家。如果趕上午飯時間就順便吃個便當,大方的國際交流協會還會送點當地土特產,沒有也是正常。

那次我隻身去一個叫豬名川町的地方做活動時,心裡也這麼想的。唯一的期待是可以趁着工作機會去一個沒去過的地方。交通不便,地鐵轉阪急電車,再換乘,再搭巴士,一個小時的演講,來回要花費四個小時路程。不過對方在中韓美澳四個國家裡只邀請了中國交流員去講,還是要認真準備。帶着重要使命,烈日炎炎的大中午我啃着三明治就出發了。

巴士路過了一座彩色豬塑像后，突然進入了一片洋氣的居民區，有種到了歐洲的錯覺，所有的一戶建都走布洛克風，說是歐洲小鎮都能信以為真。這場景讓我瞬間克服了每天的午後睏，好奇地打量起這一帶。

下車的站點是個公園，如高爾夫球場般寬闊，連草坪都修剪得齊齊整整。這到底是個甚麼樣的地方啊，簡直讓人好奇。地方上的國際交流協會也去了好幾個，這種像展覽館一樣氣派的還是第一次見。

一個小時的課堂很快結束，不過日本人愛吃的天性從不遮掩，自由討論都圍繞在我介紹的八大菜系上。結束後有人過來說「高桑，聽了你的課，激起了我去中國旅遊的興趣啊！太感謝了！」我聽了很有成就感。

在辦公室交換名片後，收了豬名川的特產，是春雨！日語的「春雨」是粉絲，很清新的名字。準備問他們巴士幾點到的時候，被工作人員問到「高桑今天還要回辦公室麼？」「啊？不用了。今天的工作結束了。」「那晚上有沒有安排？」「沒有。」「和我們一起去吃中華料理吧？」「啊？？？」「開玩笑開玩笑，一起去喝茶吧！」剛好開始肚餓，那就在這個奇妙的地方待一會兒，和他們聊一聊好了，欣然前往。

一行八人分開好幾輛車，開去他們口中特好吃的意大利餐廳。

「可以當下午茶也可以當晚餐，不過我等下還有活動的便當。」協會會長大島先生說。

「這裡的披薩好吃，我們這麼多人點兩個 share，每人再點一份意麵吧？」

「好啊好啊！」豐滿的大姐開心答應。

「可是我等下還要回家做飯啊！」年齡稍大的主婦說。

大家七嘴八舌，猶豫的，勸的，喊服務生的，我還是第一次在非居酒屋場合見到如此豪爽的日本人。

最後，會長敲定了菜單。

「高桑喝酒嗎？」

「下午就喝酒啊？」

「反正都是晚餐了，紅酒如何？」

「挺喜歡……話說下午開始喝酒是你們豬名川的風格嗎？」

「哈哈，不過我們都開車喝不了了。」

聊着聊着，突然有人問了句「高桑你今年多大了？25 吧？」「28……然後，已經結婚了……」最後還問了我的工資！

不過念在 JET 項目工資本就公開，於是告訴了他們一個月 28 萬日元，繼續做就能繼續漲，又引起新一輪嘰嘰喳喳。

我當時的感覺是我還在日本嗎？還是第一次被不熟悉的日本人問這麼多八卦！不過這種聊天真的很開心！除了我，他們還八卦其他人，還抖落自己的囧事，甚麼我還沒出過本州啊，我昨天和老公吵架了啊……

我們甚至找服務生要了小盤子互相分食。其實在日本很少見到這樣的吃法，即便我和很熟的同事去吃飯，有時點了不同的東西，

我倒是很想互相嚐下味道，卻每每被「大家各吃各的」這種空氣擊退到放棄開口。和很熟的人才會這樣毫無顧忌也毫不客氣地互相分享食物啊，但這居然發生在我一向定義為「冷漠又孤獨」的日本人身上，還是初次見面的日本人。

一頓熱氣騰騰的意大利餐大家聊着笑着嗨了一個多小時，

準備離開餐廳時，正要拿錢包 AA，會長攔住我：

「不用你出錢了，今天我請。」

「啊？」難怪剛才點餐的時候你推薦我點最貴的意粉啊！還擅自決定了要 800 日元一杯的紅酒而我本來想點 550 一杯的⋯⋯請客已經超出我預想了，還請這麼豪氣，畢竟八人份呢。我只能反復說「ごちそうさまでした」（多謝招待）。

一個短暫的下午，一趟想像中平淡無奇的出差，一個沒有太多期待的小城市，卻遇到了一群不一樣的日本人，去了個一見鍾情的餐廳，共享了一頓無比難忘的晚餐。

重要的並不是這裡一戶建有多洋氣，風景多麼美麗，意麵多麼美味，而是我把眼前的窗又推開了一點點，讓自己知道，這世上哪有完全一樣的人。即便民族性高度統一的日本，不還是有着如此豪放如此八卦又如此熱情的日本人嗎？

活成谷中先生的模樣

一直以來，都想給谷中先生一個特寫。

他是我來神戶較早熟識的日本人，比起同事，我和他交流更多。

每週四晚上，他參加我的中文角，下課後搭乘同一趟地鐵回家，每週五中午午休時間，我們又一起參加英文角。

他退休好幾年了，但縣廳裡蠻多人認識他，說起來都是「很熱心的谷中先生」「人很好」。剛開始接觸時，我完全沒想到，他還做過洋氣的國際交流課課長。

不過他閒不住，不願在家種花養鳥，退休後去了福祉協會繼續發揮餘熱。做甚麼不重要，不閒就好。

今年我負責的中文角剛開始，他就熱心幫我聯繫。第一次上課前，他給所有參加過中文課的人發郵件，號召大家積極參加。中文角老師由每年的交流員擔任，流動性很大；課程是自願參加，也沒甚麼壓力，很容易中途放棄。對谷中先生的號召，沒有太多人響應。

課後，他又積極熱心地給大家發郵件，說我上課好，呼籲大家抓住學中文的機會。果然有效，後來就形成了一個小小中文班，固定有 7、8 個人參加。

谷中先生是班裡學中文最久的，5年了，拼音很熟練。但班裡有完全零基礎的學生，我還得從最基礎的發音教起，他不嫌棄，還是每週來，不缺席。他分享出自己的經驗，告訴大家怎麼樣發捲舌音，這是日本人最不擅長的發音。

不過他平時沒機會練口語，聲調把握得不好。為此，勤奮的他天天四點起來，聽 NHK 中文廣播，跟讀模仿。他自嘲說，學語言需要音律天賦，他是五音不全的類型，所以學外語很糟糕。但這麼說的時候他沒半點懊惱，反而一副「我學得開心就好」的樣子。

發音學習結束後，進入他期待的會話階段。先從簡單的自我介紹開始，少不了說說自己喜歡的中國菜，去過中國哪裡之類。別人都說些常見的煎餃、麻婆豆腐，谷中先生偏要說他喜歡滿漢全席。我說您這是從哪兒看到的，他說是歷史書上看的。

中文角上了一個多月，大家漸漸熟悉起來，他提議聚餐，吃中華料理。吃嗨了，他興致頗高地要去卡拉 OK 唱中文歌，我不好掃興，和大叔們唱鄧麗君的老歌，《甜蜜蜜》、《我只在乎你》之類，谷中先生得意地獨唱了《月亮代表我的心》，他說這首歌練了很多年。後來每次唱歌，他必唱這首。

他學習熱心，幫人也很熱心。

有次下課回家路上，我說想去神戶近郊的六甲山玩，他就跟我介紹一日遊的套票，很划算。第二天中午在英文角見面，他拿着打印好的套票信息，又詳細跟我說了一遍。

而說起英文角，美國交流員 Jack 負責的活動，他也是最積極參

加的一位。因為是週五的午休時間進行，大家都拿着午飯來參加，邊吃邊聊，谷中先生兩手空空，從辦公室步行 10 分鐘趕過來，不僅最早，還最認真，他每次都準備好 Jack 在郵件裡佈置的話題，手寫一篇完整的文章。

日本人的英文發音一向被人詬病，但在他這個年紀，英文水平讓人暗暗驚歎。他準備得最好，但不搶風頭，冷場時，才舉手說「那我來念念我寫的吧……」一群年輕人，安靜地吃着自己的飯，聽他講自己的趣事。每次他都不帶飯，我以為他想多些時間練口語，後來才知道他想把午飯錢省下來，可以晚上多聚餐多喝酒。

沒有英文角的午休，他和朋友一起在單位專用的室內網球場練習網球。別看六七十歲的人了，腳步敏捷出手不凡，他們這代人已經打了四十年網球。

他被派駐過澳大利亞的珀斯事務所、巴黎的外交部。除了英文，和喜歡歷史而自學的中文，他也會簡單的法文。每天早上的外語廣播，英中法三語輪流切換。

他愛好多，但最積極的還是聚餐。無論中文角英文角，也無論歡迎會送別會，只要有吃飯的由頭他都積極組織，還全程奉陪二次會甚至三次會。僅僅是夏天來了，他也要讓 Jack 找個正宗的美國餐廳聚會。9 月份的中文課上，他說快到中秋節，大家也要聚一下。

這把年紀了，還真是貪玩。

這樣的谷中先生，讓我看到了我憧憬的年老模樣。不論到甚麼年紀，都可以讓自己過得充實快樂。

每次回家地鐵上，兩個人聊天，哪怕後來關係很近了，他也不多問關於結婚生子等話題。他更喜歡聊正宗的中國菜，好喝的中國酒，以及美麗的九寨溝。他也很少說起家裡的瑣事，有一次提到女兒和我一樣是獨生女，但還沒結婚，不過沒有唉聲歎氣。

每次見到他都是一副開心臉，好像沒甚麼事情值得擔心或憂慮。和他聊天也變成一種愉悅，不知不覺也變得開心。

對他，總是心生羨慕，真希望我也能這樣慢慢變老，可以跟年輕人聊到一起，不操心別人的人生，給自己找事情做，甚麼話題都能參與，愛吃愛喝愛玩，即便滿臉皺紋，也是一個有趣又快樂的老太婆呀。

只有看得多，才活得更溫柔

　　和澳洲姑娘 LUI 跪在宿舍的榻榻米上，吃了個神戶牛肉搭配海底撈底料的火鍋後，我倆往閨蜜的方向更進了一步。

　　確切說，LUI 不是澳洲人，她是馬來西亞華裔，技術移民到澳大利亞。她現在的名字 LUI，是她中文姓氏「雷」的發音。

　　因為特殊的歷史原因，馬來人不僅會說英文和馬來文兩種官方語言，佔人口四分之一的華裔，又會中文；加上下南洋的多是福建、廣東出身，這些二代、三代和家人說粵語、閩南語，還有海南話。有些家庭背景更多元，可能會不止一種方言。這樣一算，熟練的語言一個手都數不過來。

　　LUI 從小就立志要離開馬來西亞。讀大學時，本來想去英國，是她的父親當年留學的地方，但沒有申請成功，退而求其次，去了英聯邦的澳大利亞，一呆就是八年。之後輾轉新加坡工作兩年。因為對日本感興趣，一趟北海道之旅讓她做了個決定，辭職。在北海道讀了一年語言學校，掌握了日語，花完了錢，只好又回澳洲。有天在地鐵上，看到 JET 項目，有些心動，就報名試了試。沒想到被分來神戶，開始了浪漫的新生活。

　　之所以浪漫，是來工作前，她去新西蘭旅遊了一趟，邂逅了現在的法國男友，而且是她的初戀。有時候啊，緣分還真的是可遇不可求。

　　兩人說好先異地戀，一人在日本，一人回法國。結果太難捨難分，法國男友充分表現了法蘭西人的浪漫，陪 LUI 一起來神戶，做陪同家屬。這一來就一年多，兩人計劃這裡工作結束後，一起回法國。

　　祖籍廣東的 LUI，就這樣成了真正意義上的「世界公民」。

　　常常出現的情景是，我們開會的時候說日語，散會後她和 Jack 說英語，和我聊中文，回家練法語，和家裡人用廣東話打電話，每一種語言都熟練到母語程度。我好奇她最傾向哪種語言，就留意了她如何記筆記，發現是寫得最快的英語。

　　光有語言能力做不到技術移民，她的專業其實是藥劑師。語言於她只是輔助技能。

　　和她一起做活動時還發現，她擅長畫畫，和小朋友做明信片的印章，是她用橡皮刻出來的；她會摺紙，可以組織一場夏日的摺扇子活動；會攝影，用自己拍的風景照給男友的外婆製作日本相冊；她會做飯，常常兩個人在家享受一羹一菜的快樂；她會烤蛋糕，時不時和我交換食物。

　　有句話說，比你優秀的人還比你努力。在她面前，我時常有這種感覺。有時候想，如果她還會韓語，就可以一人包下我們幾個人

的工作了。

全能的她，活得又很樸實。生活在一個全民皆愛美的國度，她不化妝，不打扮，但絲毫不影響她的自信和可愛。

會多國語言，反而不是她身上最亮眼的事情，豐富的文化背景讓她更加迷人。她知道美國的地域歧視鏈，知道韓國複雜的政治鬥爭，更懂得澳洲的職場無奈，以及法國人莫名其妙的高冷。

她說起任何一個話題，都很坦誠，沒有炫耀，講到喜歡的東西眉開眼笑，說到不喜歡的東西使勁搖頭，完全是小女孩模樣。每一次和她聊天，都能獲取很多新知識。

她的宿舍在我樓上，我們常常在一個時間點出門上班。每次下樓後，她都會回頭看看，男友正站在陽台目送，兩人相互飛吻。每次聊天說到她男友語氣裡都是滿滿的愛意。我們有時被死板的日本規矩折磨時，她都第一個忍不住跳起來吐槽，最常說的便是「日本人都沒有見過世界啊」。而一想到將要在法國展開的新生活，她又陷入深深的擔憂，不知道能否找到工作。

敢愛敢恨，又不卑不亢。看到她總想起這幾個字。

也好奇她的狀態如何平衡得這麼好，在忙碌的日常裡，始終保持着自己的節奏，開心地笑着。我印象裡，沒有見過她慌亂、生氣的樣子，以至於和她一起做活動，會莫名心安。我相信戀愛中的女人自帶光芒，但我也相信，即便沒有愛情，她也很閃亮。

她說剛開始和法國男友旅遊時，對方喜歡急匆匆打卡式節奏，有時候連午飯都吃不上，她一直默默忍着。直到男友發現她情緒不

好，她也不會馬上爆發自己的怒氣，而是希望對方能不能給她多點時間，讓她先處理掉自己的壞情緒。之所以會有這樣的處理方式，是以前在公司時，她有個很喜歡罵人的上司，她非常不喜歡這樣的人，就一直暗示自己，無論哪種場合，都要先處理好自己的情緒。

這些，我們都懂，可做起來很難。而她不知經歷了多少才修煉到這般心境，讓她在任何狀態裡都能從容不迫。

單身時勇敢獨立，愛情降臨時又溫柔如水，在每一個環境裡都精彩。明明有那麼多資本，卻始終把自己當做一張白紙，一直學習，一直成長。

我以前以為，所謂經歷，是去很多地方，看很多風景，吃很多美食，見不同的人，體驗不同的生活。可是看到她，我開始明白，看得多固然重要，但這些經歷，如果不能沉澱為內在，我依然不能成為自己想要的模樣。

聽到她開心說起陪男友養了隻飛蛾當寵物，看到她給我準備活動用的配件，每次掛在我家門口的溫熱食物，那種打從心裡的溫柔就撲面而來。

臨近年底，她更開心了，因為很快就要飛去法國，和男友家人過聖誕。

其實兩人分開才半個月，坐在她對面，聽着她對他的思念，我快被淹沒在她身上散發出來的甜蜜裡。

JET 的工作結束後，LUI 和法國男友一起去了法國；第二年，他們登記結婚，目前定居在巴黎附近的小城市。

有趣的女人永遠都是姑娘

我喜歡叫我身邊的女生為「姑娘」[①]。這倆字，透着水靈和機智。

我身邊不乏姑娘，前面提到的 LUI 是一個，11 月在東京研修時，我認識了一個 22 歲的美國華裔姑娘，Cindy。她祖籍上海，8 歲時跟着父母去了美國。讀大學期間，在東京和巴黎交換留學，主攻國際關係，畢業後，申請了 JET 項目。她來自舊金山，友好城市是大阪，於是被分到大阪市政府做交流員。她很有想法，知道這份工作可以讓以後的簡歷更漂亮，能更靠近外交官的夢想。她和 LUI 一樣，會說多種語言，但並不覺得這很厲害，只感恩自己被上帝眷顧的成長環境。比語言更重要的是，她們知道如何活得有趣。

當我把這兩個女生的故事告訴 Midori 老師時，她大方表示，好想認識這兩個有趣的姑娘。她可能沒想到，在我心裡，她也屬於這一類姑娘。

Midori 老師是我們交流員的老師，9 月份在滋賀縣參加研修時，她負責培訓我們的口譯。上課的第一天，我沒改掉讀書時代的

① 姑娘，中國內地多指年輕女子。

毛病，踩着鈴聲進教室，而教室的桌子是尷尬的圓桌，只有老師旁邊的位子還空着，我別無選擇。現在想來，若非如此，可能我也沒機會近距離接觸她，了解到她來自台灣，已定居島國30多年。

我對她的最初印象，和其他交流員一樣：時尚，經常踩着酷酷的運動款小高跟，上面鑲嵌着自己設計的水晶鑽；可愛，即便日語已是母語，仍時不時竄出來可愛的台灣腔；知性，她的本職工作是法庭日語翻譯，所以也熟悉法律；俏皮，上課時不忘調侃八卦大家的感情狀況，極力想當月下老人……

如果只是上完一週課程就匆匆告別，或許我們也只是存在於對方通訊錄裡而已，巧合的課堂座位安排，讓我久違地充當了一把乖巧學生，又在課間休息時被 Midori 搭話，然後又巧合發現，我在神戶，她住在大阪；我們又都是愛吃的人，聊到一些喜歡的餐廳，於是相約一定要一起吃好吃的。

但這種話和太多人說過，無非是場面話，所以我也並沒有列入計劃。直到有一天，Midori 主動約飯，我才意識到自己有多失禮。於是去大阪赴約，找了家兩個人都心心念念的西班牙菜。

米其林西餐沒有讓人失望，但比起精緻的料理，我印象更深的是，我們足足吃了四個小時，生生把午餐吃到了下午茶。她很貼心，自己不勝酒力，但看出我想試一下紅酒，於是提出和我分享餐廳推薦的 Wine Pairing，結賬時主動接過了酒水的費用，而剛見面，她已經給了我小禮物，是女生都會喜歡的化妝品。一系列的小舉動，讓我再次確信，無論是怎樣能幹又聰明的姑娘，溫柔，始終最有

魅力。

　　研修的那一週，大家都很好奇 Midori 的實際歲數，但當時沒有得出答案。和我單獨在一起時，她似乎看出了年輕人的好奇，但巧妙地說：「哎呀，我都不好意思告訴你我的年齡，怕你不想和我一起玩了。我兒子都在東京上班了呢……」她是真的略害羞，那一瞬間我覺得，她沒有和我差很多歲。

　　她不常用微信，但每次打開，都會細心看我們的朋友圈，還誇我哪篇文章寫得好；她很真誠地和我分享她的工作經驗和人生經驗，但並不倚老賣老；她聽到我口中說的一些新潮詞彙會很好奇，然後迅速記下，不忘對我感謝；她把三宅一生的褲子穿得很好看，但仍俏皮地要走了我的淘寶貨毛衣鏈；她也會在萬聖節的夜晚，大膽挑戰性感的蘿莉裝，大方上傳社交網絡，會和她的中文學生一起練習陰瑜伽，不斷嘗試各種新奇事物，插花、自製精油，還有，想主動認識每一個有趣的姑娘。

　　某次去大阪的時候，我約了她和 Cindy 一起吃飯，有趣的姑娘，就這樣相遇了。

　　是四個女人的聚餐，我們三人，還有 Midori 的一位中文學生。最小的是 90 後 Cindy，和 Midori 應該差了一代人的歲數，但神奇的是，我覺得這就是同齡女生的女子會。她謙虛地聽 Cindy 說英語裡 I'm interested in 和 I'm into 的區別；問我們的出生日期，隨即用紫微星盤的 App 幫我們看運氣；開心地記下我推薦的喜馬拉雅 FM 聽中文節目，還提醒學生也趕緊記下；笑着說起當年剛來島國時的

窘迫、關於台灣的種種；更會恰到好處地轉換日語和中文，照顧在場的每一個人。

五點半開始的聚餐，本意是早點結束，方便我早點回神戶，結果毫不停歇地聊足四個小時。信息量過大的談話，讓人一直處於興奮狀態，在歸程途中才稍感疲憊，卻回味無窮。和 Midori 在一起，總能被她身上的閃光吸引，不灼眼，只覺得這樣的時光充滿了回味。

記得曾經有篇很火的文章說，有趣的女人既能優雅地享受米其林三星，也能開開心心地吃路邊攤。其實，有趣的女人追求的根本不是在哪裡吃，因為愛生活，更願意與其他人一起分享她眼中的美好。

願我們都能成為這樣有趣的姑娘，無關歲月。

如果我有一個兒子，
我希望他是 Jack 的樣子

Jack 結婚了，在本命年，24 歲。

Jack 是辦公室的美國交流員，比我早來大半年，雖然比我小幾歲，卻是日本職場上我的前輩。

我不清楚其他地方的 JET 交流員，會不會做到當地明星的級別，但在我們兵庫縣，Jack 毫無疑問做到了。

四個交流員一起參加活動，結束時，Jack 經常被一群歐巴桑包圍，中韓澳三個妹子在一邊閒聊等待，而 Jack 禮貌地笑着。

「哎呀，我前兩天在電視上看到你啦！」「上期節目去了丹波啊，有沒有吃那裡的板栗？那裡的栗子很出名的！」

阿姨們口中說的節目，是當地電視台拍攝的旅遊檔 ──《兵庫ワイワイ》，每期去縣內一個地方，體驗當地文化和飲食，宣傳兵庫縣的整體魅力。節目每個星期天早上 8 點播出，非黃金時間段，但節目一直高人氣，因為主角擔當是 Jack，他不僅講一口流利的日語，還有極高的顏值。可惜他不上相，見到他在縣廳網站的介紹照片時，只覺普通，但第一次見到真人時，頓生驚豔。

去參加學校活動，無論是呆萌的小學生，還是情竇初開的初高中生，只要 Jack 一出現，女生們瞬間炸開鍋，「哇！好帥！」「啊啊！你快看！」略有傑尼斯明星登場的既視感。Jack 對此早已習慣，面不改色，禮貌地微笑着，大方打招呼「Hello」。我們總調侃他：「做完交流員，去入職傑尼斯啊，就是年齡大了點。」

但 Jack 並沒有因為外形優勢，放棄了對能力的挖掘。明明可以靠臉吃飯，卻還要拚實力，說的就是他。

在美國讀大學時，他學的心理學，但着迷日本動漫，自學了日語，覺得不過癮，本科畢業後，他去名古屋讀了語言學校。他很有語言天分，通過短暫的留學經歷，日語竟地道到讓日本人都驚歎。

JET 是他的第一份工作，被分配到神戶。Jack 雖然是我們幾人裡最年輕的，但他日英文表達無縫切換，就成了交流員接活的窗口。每次接工作，他都縝密考慮，很少讓我們接到棘手的工作。

我剛來的時候，還記不住領導們誰是誰。正式場合上，他會從旁輕聲告訴我，領導叫甚麼，在哪個部門。只是我臉盲，有時問到一個人，結果被他說：「上次告訴你了啊。」

每天早上，他都踏着上班時間點走進辦公室，卻也會在我們主辦活動的前一天，加班到最晚，為了保證散會後的聚餐順利，還自己跑去餐廳先試吃一頓；我有時在家做多了炒飯，喊他來拿，他吃了之後立即在 LINE 上回覆說「超好吃！」，過兩天，他給我拿來他新發現的碳酸日本酒做回禮；每週單位內部的英文角上，他很有技巧地引導害羞的日本人開口，冷場時，又拿出擅長的自黑來活躍氣

氛；每次做決定需要回覆「行還是不行」的時候，他最乾脆利落，一併附上自己的理由，在事事需要讀空氣的島國職場上，提高了效率；同事們偶爾也在家裡聚餐，結束時，他默默問主人要來吸塵器，舉手之勞地幫忙收拾；他女朋友在靜岡縣，兩人一直異地，每個月的調休他都去靜岡，去見這個在美國相識相戀，又一起回到日本的女生，他口中的「My cute Mayumi」，秀恩愛的勁兒，讓日本人措不及手。

聰明、踏實、認真、穩重，獨立自由，禮貌謙遜，每一個描述用在 Jack 身上都不為過。不過，這樣貌似完美的 Jack 當然也有不完美。

他深知自己有顏，不失時機地自戀，「怎麼這個活動只有我去？可能是他們需要一張外國人的臉吧」，而明明想說的就是需要他的臉；他有着山姆大叔的直爽，卻也學會了日本人的「表裡不一」，每每我們三個女生吐槽職場時，他鮮少參與，只偶爾敷衍「そうですね」（意為「這樣啊」），而明明心裡想的和我們一樣；韓國姑娘去台灣旅遊前，他細緻給出攻略，但也不忘補刀，對不會說英文的閔桑講：「別擔心，台灣人英語比日本人好，不過，好像和你沒啥關係……」韓國姑娘一直單身，有次倆人同乘電梯，冷不防被他問了一句：「閔桑，你該不會是同性戀吧……」

剛開始，我暗暗讚歎美國的教育，教出來的年輕人有獨立的人格和自由的思想。但後來，接觸了更多美國人，才發現並不是每一個都能出落成 Jack 這樣。

　　有一個這樣的兒子該是多麼驕傲，還以為他老媽會對他無比上心，結果卻是他在日本這幾年，家裡人從沒來日本看過他，他還得努力攢錢還大學的助學金，買機票回美國度假，要和可愛的 Mayumi 約會。Jack 是家裡三兄弟的老二，哥哥有小兒麻痹症，所以他獨當一面的成熟，讓結婚也變得順理成章。

　　他說，對 Mayumi 的求婚是精心策劃的，在紐約的高檔餐廳，準備了鮮花和戒指。試想，又有哪個女生會拒絕呢？

因為她，我改變了對韓國的看法

託辦公室裡韓國妹子的福，這一年我吃了不少韓國零食。

每次她從韓國探親回來，都帶回各種我只是眼熟的網紅食物，從巧克力到海苔，從咖啡到柚子茶。有段時間，她知道我迷上骨灰級辛辣的韓國拉麵後，每次都給我拿兩袋回來，哪怕她只是出差越南，在首爾轉機。我加了海鮮一起煮，發圖片給她看，她回應「你怎麼這麼會吃」的表情圖。

其實她做飯也很棒，否則怎麼敢每個月都邀請我們一群人去家裡開 party。她家裡收拾得很少女風，和她酷酷的外形完全不搭。

政府大樓裡只有我們幾個外國人，一眼就看得出，因為着裝相對自由。但經常穿着牛仔褲來上班的，只有她一個人了，非常大膽。於是，我也鼓起勇氣，偶爾穿牛仔褲帆布鞋進辦公室，有她這個做了三年交流員的大前輩墊背，無所畏懼。

不僅穿衣「散漫」，她還從不化妝，和澳洲交流員一樣，日日素面朝天；偶爾還頂着剛睡醒的蓬亂頭髮，急匆匆地準點踏進辦公室，可其實她就住在單位對面，從免費宿舍搬走，哪怕負擔高額房租，也要早上多睡半個小時。

　　她愛笑，且笑聲爽朗，每次都需要我提醒「你聲音太大了……」，但她毫不介意：「可是很好笑啊！」辦公室樓道裡，常常不見其人先聞其聲。

　　她外表很粗線條，以至於大家都認為她是個「酒鬼」。去她家裡聚餐，我們打開冰箱看到滿滿的罐裝咖啡，此外別無一物。回辦公室讓其他人猜她冰箱裡的存貨時，大家異口同聲「啤酒」，還問她是不是喜歡抽煙……

　　「女漢子」形象深入人心。

　　以前在福岡留學時，我在文化交流中心打工，認識了第一個韓國同伴。那個來自釜山的男生，在大學裡留級好多年遲遲不畢業，就為了繼續拿留學簽證呆在日本。當時我們的工作有不少外出採訪，一有好吃好玩的他就欣然前往，一到交稿就各種拖延抱怨；聚餐又常常喝醉，喝醉了就對女生稱兄道弟，還要二次會三次會……雖然都知道韓國人愛群聚、愛喝酒、愛咋呼，但身邊有這樣一個典型代表時，還是常常感到頭疼。

　　可是這個坐在我對面桌子的韓國姑娘，和我固有印象裡的韓國人完全不一樣。

　　她不注重上班着裝，但不代表她不認真工作。她每次都是第一個寫完會議記錄的人，還常提醒我們疏漏的活動申請表和報告書；她記得辦公室資料和工具的具體位置，熟悉每一個活動流程，正式公務員們有時也向她詢問細節。

　　她愛笑不代表她愛鬧，她從來都是傾聽的那個，感同身受對方

的開心才笑得如此有感染力;本質上,她是安靜的類型,在辦公室很少主動說話,一直在鍵盤上敲不停,她的工作量是交流員裡最多的,卻從未聽到她有一絲怨言。

她粗線條不代表她粗心,她不僅記得我愛吃的食物,還常主動組織促進團建的同事午餐;貼心地告訴剛來辦公室的我,如何操作複雜的電腦系統,貼心地在女子會聚餐時,主動添水遞紙巾,並主動負擔 AA 後多餘的零頭;也會有條理地幫大家整理好會議上說不清的事情。

她每次都能說清楚,因為做得時間久經驗豐富,也因為她好到讓人震驚的日語。四個國家的交流員在一起,中文、英文,還有日文,常常是大家各說各話各有不同想法,這時她會像大姐頭一樣,桌子一拍,「慢着慢着,我們來整理一下……」

她日語有多好?每次做學校訪問自我介紹時,我們說日語都反應無奇,她一開口,下面的學生就竊竊私語兩眼放光,驚歎這個人真的是外國人嗎;和客人開會時,她能精準用好日語的敬語,讓在場的日本人都汗顏;用日語寫報告時,她的表達基本沒有瑕疵;我這一年學到的不少日文,來自和她的交談。

很多人以為她是動漫迷,或者愛追星,其實不然,她始終有自己的節奏,在自己的世界裡,做好自己的事情。聽無聊的講座時,她在本子上隨手練習鋼筆字,我才知道為何她的字體如此娟秀好看;準備學校的手工活動時,她一個個裁剪需要的配件,哪怕加班到很晚,也要達到最好的出品效果;她會聽其他人吐槽辦公室的人

和事，也會附和，但又能說出我們看不到的閃光點；那一年，韓國政治醜聞不斷，面對日本人的提問，她始終保持不卑不亢。

她無疑是屬於內心溫柔的類型，連比她小十歲的美國小哥都知道她最好欺負，拿她的姓氏開玩笑，還常調侃她不會英語。每每此時，她就無奈一笑，好像不跟小孩子一般計較；但有一次，我們在電車上被愛管閒事的歐巴桑為難，說我們坐了空蕩蕩的「優先席」，她又挺身而出，把對方反駁得啞口無言。

她是四個人裡年齡最大的，早已進入三十歲的行列，孑然一身。不是沒有壓力，來自韓國老家的催婚從沒消停，她索性一直呆在神戶，還好有姐姐在韓國，對父母也放心許多。不過，偶爾還是會發出「我是不是要孤獨終老」的焦慮，大老遠跑去出雲大社 ①，聽說那裡求姻緣最奏效，結果回來後被日本人調侃，這神社對外國人不頂用。

坐在我對面的她，經常找我借手機數據線，和我時不時交換下午茶的零食，這些時刻，我覺得離她很近；但每每看到她溫柔與堅韌，孤單又獨立的身影時，又覺得離她很遠。

一個人的內心該是有多強大，才能做到如此遊刃有餘，又分寸得當。

如果有多一點的時間，我好想對她、對韓國有更多了解。她

---

① 出雲大社，位於島根縣出雲市，是日本最古老的神社之一，以「結姻緣」的神靈而出名，吸引了絡繹不絕的參拜者。

在辦公室裡做了三年，是能做的最長年限，但因為她的表現無可挑剔，領導也希望她能多做一段時間。

不知道從縣廳離開後，她將何去何從，但無論在哪裡，她都會努力着。

職場女性不容易

美莎子辭職了。

那個一邊上班，一邊帶娃，還在讀夜間大學，說着一口酥軟京都話的美莎子，上週辭職了。

辭職前，她將近兩週沒來上班，我發短信問她，才知道是得了急性腸胃炎。我大概是辦公室裡唯一私下關心她的人，她感動得直呼中國人最好。

生病前的幾個月，她每週都有請假，有時一天，有時兩天。原本她每週只上四天班，每週二休假，但後來，大家已經搞不清楚哪天是她的工作日，也着實造成了不少困擾。

前一年 4 月入職以來，她一直有多重身份，上班族、單親媽媽、大齡大學生，以及家裡長女。在不同角色間轉換的她，每個出勤日都保持着滿滿活力，還主動拋出有趣話題，給沉悶的職場，注入了不少笑聲。

她在澳洲呆了 8 年，回日本這些年，「鬼妹性格」的痕跡絲毫未消。一起外出活動休息時，她給我和韓國交流員分享最近的單相思，激動地翻出對方 Facebook 裡的照片，開心回憶前兩天見面

的場景，一臉花癡模樣地說「今天你們讓美莎子幹甚麼她都會點頭哦，找她借錢也樂意」，那幅畫面，至今想起來彷彿都能看到，漫天的粉色桃心在飛舞。

然而，這麼拚，這麼可愛，又如何。

辦公室的女員工，只有她和另一個是有孩子的，其他人不是不生，是不敢生。非正式公務員沒有正式產假，生孩子幾乎意味着失業；有三年產假的正式公務員們，也沒人敢休滿三年，否則再回職場，早就換了幾批人。

而美莎子不僅有孩子，還情況複雜。經常是剛下班，就帶着幼稚園放學的女兒直奔大學課堂。可惜，沒誰能真心理解其中的不容易。

事情多，時間有限，美莎子的工作難免偶出狀況。她入職短，做的又是全新領域，但這些都不能成為藉口。日本職場非常強調「自我責任」這個原則，工作要「不給別人添麻煩」，同為日本人，她不會因為其他身份被寬容，偶有差錯，沒人會當場指責，但可能被記在了心裡。

日本職場的另一個特點是，冗長的手續流程，比如每一份文件都需要好幾個人蓋章，有一個人沒蓋，就會影響到下一個人，保證了公開透明，但也嚴重拖慢了工作效率。美莎子每次請假回來，桌子上都會擺一堆整整齊齊的文件，等着她一一蓋章。

因為這些，她的休假，會讓其他人默不作聲地不爽。

她的工作性質很特殊，同樣是合同工，但工資按時薪，合同以一年為週期，日日更新。有一天，她突然無奈地自我調侃：「說不

只有看得多，才活得更溫柔

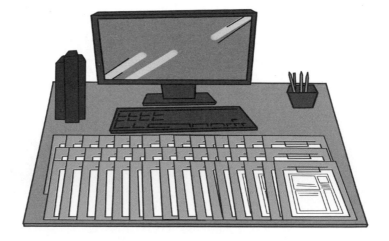

定今晚下班的時候，課長就會跟我說，你明天不用來了。合情合理，我都不能反抗⋯⋯」

表面上，她坐在令人豔羨的縣廳辦公室，實則拿的是不如夜間便利店的工資。即便如此，也要幾經面試慎重選拔。

我不清楚哪個節點讓她下定決心，以半途而廢的方式中止了這份工作。來辦離職手續的時候，大家禮節性地和她道別，一句「さようなら」之後，可能此生都不再相遇，親切的課長私下裡對她說了一句：「希望日本的職場可以更善待女性，畢竟我女兒也在機場上班啊⋯⋯」

其實，日本的職場從不缺少美莎子這樣的身影。

每天早上六七點的電車和地鐵車廂裡，擠滿了職業女性，她們畫着精緻妝容，穿戴職業，但表情冷漠；偶爾踏入女性專用車廂，還能看到匆匆在車上補妝的場景。

裝扮細膩的姑娘，一點也不嬌氣，人人都可以踩着高跟搬桌子、抬箱子，一旁的男性很少會說「別動別動，這些事情我們男人做就好」。體力活面前，男女平等表現得淋漓盡致。

偶爾和有孩子的日本女性聚餐，一到九點就有人匆忙退席，說孩子還放在婆婆家，再不去接，婆婆要不開心了。日本老人沒有幫忙帶孩子的習俗，孩子放學時媽媽還沒下班而產生的「待機兒童」[1]

---

① 待機兒童，指在日本需要進入保育所的孩子，因為設施和人手不足，在家排隊等待保育所空位。

現象，如今成了日本最嚴重的社會問題之一，因為保育所有嚴重缺口。

即便是經濟獨立、事業幹練的職場女性，也無法扭轉日本普遍存在大直男的事實。他們在家鮮少主動參與家務，結了婚的女白領，不僅要做好工作，也會被要求照顧好家裡，和中國的情況沒有區別。難怪日本女生寧願做全職太太，也不要做辛苦的職場女性。

每次在路上看到懷裡抱着一個小 BB，手上牽着兩個大孩子的媽媽，或者是媽媽騎着自行車，前面筐裡坐一個孩子，後面載着一個甚至兩個孩子的畫面，我都不禁生出一股敬意，為媽媽那依然精緻的臉龐和毫不走形的打扮，更為她們的堅強。她們可能是全職家庭主婦，也可能是打零工的媽媽。

不過，辦公室裡還是離不開美莎子這樣的角色。僅僅一週後，新人便坐在了我的斜對面。這次，辦公室找了未婚的單身女性。

而美莎子也對這個曾經努力過的地方鮮少留戀。她提醒我，落在衣櫃裡的西裝，下一次聚餐時幫她捎上。

老平，好久不見

因為一年一度的人事大移動，辦公室裡發生了天翻地覆的「去留」之事。

最讓大家關注的是副課長的變動。現任班長升為副課長，原先的副課長保留職務一個月，待他復工後決定去留。

原先的副課長，是老平。

老平其實沒那麼老，剛過五十，比我爸還年輕幾歲，但他的微信名字是自己起的「老平」。

他姓「平東」，之前在兵庫縣駐北京事務所工過兩年，對原本就喜歡的中國產生了更大的熱愛。他中文說得溜，從自嘲的「老平」可窺一二。更厲害的是，每次和別人說起他的姓氏，他都這樣解釋，「平」是鄧小平的平，「東」是毛澤東的東，還要配上他經典的公子哥兒的得意表情。

但他對中國的愛，發自真心。

北京赴任前，他已經去中國旅遊過很多次，踏足的地方比我這個中國人多得多，對中國的地大物博了解頗深。當知道我從河南信陽來，他立即反應「信陽毛尖」，還說他之前為了喝茶專程去過信

陽，我佩服地連連說「すごい」（日語意為「厲害了」）。去北京工作後，他對中國的了解更深入了，春天去洛陽看牡丹，春節去廣州看花市，會熟練用支付寶購物，也常常用中文圖文並茂地更新朋友圈。

這一切，源自他對中文的學習熱情。在北京，他請中文老師一對一上課，加上他本就外向的性格，從不怕說錯，於是連北京的兒化音都運用自如；回日本後，他繼續自費上中文教室，偶爾來我的中文角。有一次，我和他北京事務所的後任同事一起吃飯，對方不太會說中文，還被他鄙夷了一番，說不懂中文怎麼能好好享受在中國的生活。

愛中國少不了愛中國美食，老平尤甚。他愛吃也會吃，對日本人心存顧忌的皮蛋和鳳爪來者不拒，還知道廣州甜點最經典是楊枝甘露。美酒更是大愛，酒量也好。有次回廣州，我拿了幾瓶 50ml 的五糧液帶回來，給身邊幾個好酒之人送上，有一瓶給了老平，他第一反應便是：「哎呀，這個是好酒，好懷念好懷念……」

也許是對中國感情深厚，我到任的第一天中午，他請我吃了午飯，也很喜歡和我聊起和中國有關的一切。

但這個偶爾在辦公室裡和我說中文的上司，已經有四個多月沒來上班了。起初課長說老平生病了，請了一段時間病假；後來，我們申請報銷交通費的最後一個審批人也從副課長變更為課長；再後來，大家已經習慣副課長的辦公桌一直是空着的了。

大概只有課長知道老平的身體狀況究竟如何，我身邊的同事大多不清楚，也從沒有人在辦公室問起這個話題，不知道大家是真的

不關心還是假裝不涉及隱私。或許老平病得不輕。

　　有時候抬頭望望辦公室，我還能想起他習慣性的動作，每次來我們組有事情商量時，就順手拉過旁邊的板凳，雙手在胸前一交叉，打開話匣；他在活動會場指揮時，忙起來連搬凳子遞話筒之類工作也親力親為；當他不能來上我中文角的時候，就會用中文跟我請假：「高老師，我今天要加班，所以不能去上課，非常抱歉。」。

　　我心裡一直期盼着至少在我走之前他能回來上班，但隨着人事的敲定，大家開始移動辦公桌。老平的桌子仍保留着，旁邊加多一張新任副課長的桌子。

　　大家在說起老平的時候，已改了稱呼，不再是「平東副課長」，而是「平東桑」，我的內心不免一陣小感傷。

　　走之前，終究是見不到他了。

　　雖然以後不再是我的副課長，但可以在微信裡喊他「老平」了。

　　好久不見，願你一切都好。

日語裡，我最喜歡的一句話是……

　　來過日本的人，都能快速學會一句「すみません」。這句萬金油般的寒暄語，既可以在麻煩別人時當做「excuse me」來用，也可以在給別人造成不便時當做「sorry」來道歉。日本人的禮儀規範裡，不給別人添麻煩是常識，所以無論有沒有添麻煩，先來句「すみません」絕不會出錯。一天下來，自己說的，加上耳朵裡聽到的，可能有百遍以上。

　　其他寒暄語，如「謝謝」的「ありがとう」、「再見」的「さようなら」、「早上好」的「おはよう」……都是大家很熟悉的。

　　還有一句寒暄語，日本人常掛嘴邊，只是有些拗口，所以不容易學會。

　　走在夜晚的日本街頭，經常見到這樣的場景：居酒屋或餐廳門口，一群日本人準備散伙，互相道別，彼此間不停地相互鞠躬，還念念有詞。用心聽會發現他們說的是同一句話，那就是「お疲れ様でした！」或者更簡短的「お疲れ！」。意思是「您辛苦啦」或者「辛苦辛苦」！彼此來回複讀幾遍，才能最終散伙。

　　倒不是吃飯辛苦，而是工作一天的辛苦。不論坐辦公室，還是

在外奔波，總之完成了一天的工作，就可以送出這句話。

辦公室裡這句話用得更多，比「すみません」的頻率還高。

就像打電話有慣用台詞「いつもお世話になっております」（多謝您平時的關照），每天下班，走的人一定會說一句「お先に失禮します」（我先走啦），而不是默默離開，這時還沒走的人就會回應「お疲れ樣でした」。這個場景非常有代表性，在任何一個日本職場都能見到，不分職業。即便不累，即便一天下來效率很差，只要是下班，都能收到這麼一句。

比起下班的「例行公事」，有時開完高效會議，或者做完很累的活動，大家互相配合收拾完畢，彼此間的「お疲れ樣でした」更顯得溫暖。

這句話的可愛還在於不論級別高低，上司和下屬之間也可以說。同事間的「お疲れ樣でした」說的更多，可以對風塵僕僕研修回來的橋下說，對出去辦事的淺田說，對收拾垃圾的小藍說，對做了會議翻譯的関桑說。同事做了任何一件工作，無論大小，都不妨送上這句暖心的話。

「お疲れ樣でした」最出彩的地方還不是這裡，而是對任何一個努力工作的人適用，哪怕你不認識他。

每天上午九點多，辦公樓的保潔阿姨都在打掃我們那一層的衛生間。颱風下雨天，我在進辦公室前會去衛生間整理一番，經常碰到阿姨。她不在意我們的進進出出，默默半跪在地上，擦來擦去。每當這時，我都會脫口而出那句「お疲れ樣でした」，她回過頭看

看我，微微一笑，也回我一句同樣的話，而我那天還沒開始工作，也沒開始辛苦。

有天辦公樓外的水管壞了，又風雨交加，兩個大叔渾身濕透在修理，我剛好路過，對他們大聲說了句「お疲れ様でした」，他們也回過頭，點頭示意，表示感謝。這麼惡劣的天氣，有人注意到自己的辛勞，哪怕只是一句日常寒暄，也一定會更有幹勁吧。我相信，對他們說這句話的，一定不止我一個人。

更妙的是，即便不是工作場合也照用無妨，比如說，健身房。

我每次去，前台有時候說「晚上好」，有時候會用這句話打招呼，好像是對工作日的慰問；離開時，也會收到這句話，自然是鼓勵在健身房的努力。

健身課結束時，教練會對大家說這句話，學員之間也會這麼說。健身房裡，不論大家認不認識，比起說「你好」或「晚上好」，「お疲れ様でした」是更合適的問候。以至於自己想偷懶的時候，會逼自己一把，努力去運動，否則都對不起這句話。

至於其他場合，比如，下機場大巴時對司機說，對修理複印機的小哥說，對便利店裡工作到深夜的店員說，對剛參加完某個考試的朋友說……這句話像《深夜食堂》裡的雞蛋三明治，無比暖心。在自己以為做不做都沒人看到，或者正準備泄氣的時候，冷不防被這麼一說，像被狠狠推了一把，有力量繼續努力。

每週四上完中文角，我的高齡學生們也會這麼對我說。那一刻很有成就感，覺得準備工作沒有白做，也更有激情地準備下一次。

「お疲れ様でした」，是深夜的末班車，是暖黃的萬家燈火，也是飢餓時的那碗拉麵。

哪怕沒有人對你說，也能自己對自己說：

「辛苦啦！」

沉默的大多數

淺田小姐給我說過一個趣事，她在通勤電車上經歷的。

某天早上她來上班，本來是安靜車廂，突然，有個大叔打了個巨響的噴嚏，一不明物體在空中劃出一道弧線，應聲落地。

眾人先是好奇，定睛一看，原來是大叔的假牙！被噴出來後，落在了對面乘客的腳邊。乘客都看到了如此喜感的一幕，我們的淺田小姐當然也沒錯過。然後，大叔窘迫地撿起假牙，默默收拾起來⋯⋯

淺田小姐給我轉述的時候要笑翻了，她說還是第一次遇到這樣的事情。在車廂裡看到是假牙的那一刻，她心裡爆笑不止，無奈其他人都裝作甚麼沒看到，該看書看書，該打盹兒的繼續閉上眼睛，空氣裡只有沉默的尷尬。淺田小姐原話是「拚命地忍耐着」，才沒有笑出來，直到跟我複述時想起那一幕，才終於無所顧忌地放聲大笑。

要是有日本人當場笑出來，或是稍微多看兩眼，都不符合日本人作風。沉默，才是典型反應。

我在家門口的車站，經常遇到一位穿高跟鞋的異裝癖中年男子，背單肩包，包上掛滿了玩偶，和我們一起排隊等車時，沒有人

側目多看一眼，更不會有人指指點點。

辦公室裡有同事要跟領導去國外出差，不管他多興奮，其他同事也不會多問一句。

參加小朋友的暑期活動，全程有個 5 歲的男孩大吵大鬧，一直黏在媽媽身上，哭鬧聲幾乎蓋過了工作人員的說話聲。但媽媽很溺愛，沒有說教，其他人也難以表達不滿，活動在一種亂糟糟的氛圍中結束。

其實，上述三種場景裡，日本人表面沉默，但都上演着不同的內心戲。

第一幕裡，異裝癖在日本見怪不怪了，但身邊出現這麼奇怪的傢伙，心裡可能還是會吐槽可臉上仍是淡定，才不要表現出大驚小怪。

第二幕裡，所有感受到其喜悅的同事，可能在心裡不屑，卻又裝作甚麼都沒發生。

第三幕裡，媽媽們的內心戲複雜到可以拍成日劇了吧。男孩兒如此吵鬧，媽媽卻不管教，反而各種溺愛，其他母親的白眼裡有各種台詞，「真是沒教養呀，公眾場合也不管一下，不聽話就不要帶來參加活動嘛，提前走也行啊！」心裡這麼想着，臉色也開始漸變，卻只能心裡默默吐槽，努力忍耐着，直到結束。

而之所以沉默，出發點自然是尊重他人。掉假牙的大叔也好，異裝癖也好，儘管畫面搞笑，但流露出一絲絲的嘲諷，都會給對方造成窘迫，甚至是心裡壓力，萬一人家因為你無意的關注而想不

開，事態就嚴重了。公共場合裡，只要跟自己沒甚麼關係，日本人都不會表現出多餘的關注，這也是為甚麼日本很少有圍觀看熱鬧的。

在電視上看過一個節目，講的是如何在學校喚起大家的關心，讓被欺負的同學不再成為沉默的犧牲品。學生的回答多是「雖然覺得很可憐，但也不想幫他說話，因為和我沒太大關係⋯⋯」老師們想方設法引出學生的同情心，讓他們假設自己是被欺負者，才把選擇沉默的比例稍微降低一些。

從學生時代起，日本人就習慣了沉默的空氣。無論是不公平的場景，還是窘迫的畫面，亦或是搞笑的一幕，盡量不表露自己的情緒，如此，才是懂規則的表現，才是會讀空氣。

難怪，日本所到之處都很安靜。因為有着沉默的大多數嘛。

沉默不是冷漠。如果上前問路或是需要幫助，和日本人發生了關聯，他就會熱情到判若兩人，甚至熱情到帶你去目的地，打電話問熟人也要幫你問好路。

呵，這幫「有趣」的日本人。

日本人真的吃得好？

日本人長壽，全世界出名。但只要在日本居住一段時間就會發現，他們吃蔬菜水果很少、睡眠時間短、精神壓力大，工作時間長，每一條都不符合國人的養生觀念。當這些前後矛盾時，多把長壽的功勞歸於日本飲食，清淡、營養全面。

比如中午吃日式套餐，一個餐盤端上來，碗碟擺了不少，但每一個分量都不多。種類倒是挺多，有葷有素，蔬菜以醃漬或涼拌為

日本餐廳常見的「定食」

主，顏色也養眼。這種沒有油水的午餐不貴，800日元，但吃不飽。我飯量不算大，下午也經常餓到想找零食。

為了吃飽，男士們願意花同樣的價錢，選擇唐揚げ（炸雞塊）這種油炸肉食，或者拉麵＋米飯＋煎餃（日式拉麵連鎖店都有這種菜單）的組合。

不吃套餐還有另一種選擇，就是日本人的「大眾情人」——便利店。

聽過一個說法，「日本的結婚難問題，是因為便利店太多太方便」。也並不誇張，便利店確實方便，可以解決所有生活問題，包括最重要的吃飯問題。

午休時，常看到同事在便利店買泡麵或者便當，用辦公室的微波爐加熱，冷的有三明治加果汁，或者幾個飯糰。有次出差，和同事要在外一天。事前他告訴我中午管飯，我對島國的所謂「管飯」有充分思想準備，都做好了吃冷便當的打算。早上和對方匯合後，他溫馨提醒說：「我們去7-11買中午飯吧？當然，我來付錢。」他長得胖嘟嘟的，一笑像彌勒佛，我只能氣在心裡了。看來，日本人心裡是把便利店當做正經飯堂的。

便利店買飯，我只拿三明治，因為被麵食和飯食深深傷害過。在餐廳吃飯總覺得味道不夠，結果發現日本的鹽都撒到了便利店的飯盒裡。

這些既不新鮮也不美味的便利店食物，還被日本人民做出了排行榜。一直保持高人氣，因為真的太便利了。日本社會爭分奪秒，

吃飯也要快速解決，以便有更多時間「看起來很忙」。

單身比例越來越高，便利店越來越受歡迎，似乎成了正相關。另外，日本人也越來越離不開微波爐。

走進日本的超市，會被大面積的冷凍食品貨架震撼。從常見的餃子、披薩，到半加工食品，以及匪夷所思的冷凍炒菜。它們價格低，操作簡單，「叮」一下就能享用。歐美家庭標配烤箱，日本家庭標配微波爐，似乎專為冷凍食品存在。甚至，不用回家「叮」，超市有免費提供的微波爐服務。

高人氣節目《松子不知道的世界》①，做過一期冷凍食品專輯，選出了最受歡迎排行榜，前十名上榜食物不乏各種燴飯和麵食，頂飽

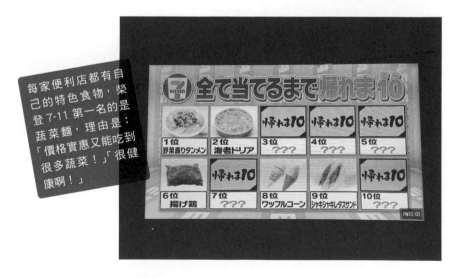

每家便利店都有自己的特色食物，榮登 7-11 第一名的是蔬菜麵，理由是：「價格實惠又能吃到很多蔬菜！」「很健康啊！」

----

① 日本 TBS 電視台製作的一檔娛樂節目，由日本高人氣藝人松子主持，每期介紹一樣事物。

很重要。

　　日本料理一向以精緻美味著稱，但很多人並不知道那不是日本人的日常飲食。在日本長期居住的法國人總對此嗤之以鼻，覺得他們不會享受普通飲食生活。

　　遊客們漂洋過海來日本，嚮往着精緻的懷石料理，嚴謹的匠人精神，以及新鮮的食材，而日本人卻在便利店匆忙地消化着快餐和冷凍食品。

　　日本人吃的好不好，還得他們自己說了算。只是長壽這事兒，不全歸功於飲食清淡。發達又充足的醫療資源，才是關鍵。

日本人與鐵道

今早上班時，又在茶水房看到了辦公室的井上班長拿來一大袋蔬菜，上面寫着「井上菜園自種新鮮蔬菜，大家隨便拿」。於是，我從中挑了個黃色翠玉瓜，被建議可以嘗試做意大利麵。

來了兩個月，已經從井上菜園拿走了好幾條翠玉瓜，足見井上班長家庭菜園之繁盛，想來一定是住在了近郊，家裡自帶大片農田。同事告訴了我一個我還沒怎麼聽說過的地方，這個地方開車過來需要兩個小時！意味着他每天自駕往返要四個小時。

雖然通勤時間長是日本社會的一大特色，但這種距離和時間讓日本同事也頗驚訝，況且還是自己開車，油費加停車費的成本讓我們懷疑井上班長的收入或許還不如菜園收益高……

白領大多依靠鐵道出行，住的近搭乘地鐵便好，若是住近郊自家的一戶建，甚至是跨城市上班的話，換乘電車是極其常見的事情。

搭乘早班飛機的某天清晨，第一次乘坐清晨 6 點的地鐵去坐機場大巴，對於平時 9:45 上班的我來說，一直以為上班高峰在 8 點左右，結果生生被 6 點多的地鐵之擁擠嚇得睡意全無。女孩子們已經妝容整齊，我只能心裡默默推算她們應該很拼地 5 點半之前就起床

了。後來想想，應該是她們住在神戶，但在大阪或京都或更遠的地方上班，否則完全不需要這麼早去公司表現積極性吧⋯⋯

對絕大多數日本人來說，鐵道的存在像一位感情深厚的老友，不，可以說是超越朋友的存在，朋友還不能每天見面呢，鐵道卻幾乎是日日使用，上學、上班、旅行、約會都靠它。

日本鐵道也着實便利。除了傳說中步行五分鐘內必有車站的東京，日本其他大城市間的通行也極其方便。僅近畿地區就有阪急、阪神、JR、南海等幾大鐵道公司存在，他們之間既相互競爭，也互相彌補，使得不同的鐵道密密麻麻地織出了一張網，遍佈了周邊大小城市。從神戶去京都，有多種選擇，時間和費用均不相同。好在有萬能的 APP「換乘案內」，顯示出每種路線的詳細信息，甚至最快一趟車的發車時間和站台。這樣，就算看不懂複雜的線路圖，也能

日本常見的
電車月台

輕鬆到達目的地，連日本人出行也離不開這個 APP。

　　發車時間精準也是便利的重要因素，不僅是新幹線和電車能精確到分，地鐵和巴士也是如此。每個車站都有兩張發車時刻表，分別是工作日和週末。所以，每天都能看到有人分秒不差地飛奔進地鐵車廂。有了可靠的出發時間，便能精準計算出自己需要出門的時刻。或許正是因為這個，才造就了日本人無比強烈的時間觀念，約定的時間通常可以精準到分。

　　電車夜間不運行，所以才會有經典的日劇跑，除了在追姑娘，大部分也在追末班車。否則，打車回家可不是那麼容易的事情，有些人甚至夜不歸宿也不捨得花打車錢，因為真的太貴。

　　日本的交通費雖然貴，卻還是比自己開車和打車划算很多。每天我從家到工作機構的往返地鐵就要 620 日元，若再加上 210 日元起步的巴士費用，一天的交通費上千是稀鬆平常的事情。好在有定期券，即經常往返的站點之間的月票，雖便宜不了太多，但比起單次刷卡還是會省下來不少午飯錢。所以買了定期券之後，對於鐵道的出行依賴就會更加強烈。

　　日本人從讀書時代起便每天乘坐鐵道，陪伴他們工作，直到退休。常常能見到一些六七十歲的老人無比懷念自己坐了幾十年的電車，甚至能詳細回憶關於電車的所有細節。日本人至今引以為傲的新幹線也是一大風景，在國土狹小的日本，從東京去九州也不過是五個小時的事情。所以大多數出差都是利用新幹線當天往返，有趣的是每條新幹線還有自己的名字，型號也不盡相同，由此培養了一

大批新幹線發燒友。我就在去東京的新幹線上見到過一對父子一起看新幹線圖書的場景，兒子還會把新幹線的名字後面加上「ちゃん」①，甚至還拿出了好多個新幹線手辦模型，着實可愛。想來，說不定是那位爸爸的愛好呢。

最有代表性的還要數松山健一和瑛太主演的電影《乘 A 列車前行》，兩位關係曖昧的男主角因同為鐵道迷而發生了交集。裡面就出現了涉及到 20 條線路的 80 輛列車。看到自己熟悉的線路，引起了諸多日本人的共鳴。

此外，京都站附近的「京都鐵道博物館」也是鐵道迷的打卡聖地，不僅詳細展示了日本鐵道的歷史軌跡，還陳列了 50 多輛實體列車，一度引起了去鐵道博物館小旅行的熱潮。

穿城而過的
日本鐵道

① 「ちゃん」是「醬」的日語發音，比「桑」更親暱。

日本的美食節目之多也是出了名的，其中有個系列是搭乘不同鐵道尋覓美食，在同一條路線的各個車站附近挖掘連當地人都不甚了解的餐廳，是有效的地方旅遊宣傳，也是鐵道公司背後競爭激烈的體現。

如今在國內已很少見的鐵道閘口在日本還是能頻頻遇到，每每被欄杆擋住，聽到電車的聲音由遠及近，又風一般呼嘯而去，都容易把自己想像成日劇女主角。

回想起來，來這裡的每一天都在乘坐地鐵或電車，鐵道也成了我的日常風景。

經常看到有人在橋上或站台看着列車進站出站，不知是在思念隨着列車遠行的人，還是在思考自己即將踏上的遠方，然而，乘着這列車，應該總能到達自己想要去的地方吧。

一個稍縱即逝的地震

　　每天下午兩點，是辦公室最死氣沉沉的時刻。但有一天，因為一場地震，格外鬧騰。正當大家犯睏的時候，所有人的手機鈴聲突然一起響起。

　　日本經常有防災訓練，會拉響這種報警，偶爾天氣極其惡劣的日子也會響。警報聲音極其突兀。日本人的手機除了照相有聲音，其餘時間都沒有存在感。突然的響聲總會嚇到正在操作手機的人，或者專心工作的人。

地震那天收到的手機短信警報

每次還雷聲大雨點小，頗有「狼來了」之嫌。日本人都忍不住吐槽，「吵死了！」「怎麼又來了」云云。

不過，那天下午的警報聲，明顯不同於之前。一瞬間，急速高亢的警報聲響徹辦公室，兵臨城下的緊迫感隨之而來。過了幾秒，文字信息到達，有人叫出來了：「地震！」

震源一並發送出來，是鳥取縣 ①。響了十幾秒，大家左右張望，不知所措。

又過幾秒，震感到達。辦公室在七樓，明顯感到了晃動，越來越劇烈。

大家紛紛站起來，剛剛還一副「應該沒事」的神情，現在表情漸變。震感越來越猛，大家禁不住喊出來，「ええ？まじ？」（真地震啦？）「うそ？」（不會吧？）。

可還是在晃，絲毫沒有要停下來的意思。大家意識到了嚴重性，開始想着要不要避難。淺田小姐顯然也被這晃動嚇到，不停嘀咕：「どうしよう？どうしよう？」（怎麼辦怎麼辦⋯⋯）

對面桌子的宮澤桑很勇敢，問：「是不是可以回家啦？」說着，穿起外套拿起包準備走出去。我第一反應是回家有甚麼用？難道不是政府大樓比家裡更安全？

在一旁準備資料的小藍也嚇到六神無主，觀望着大家，停不住地說：「やばいやばい！これやばい」（糟了糟了，這下糟了）。

① 日本中國地區東北部，北靠日本海，縣內的「鳥取沙丘」最出名。

此前，我只在西安經歷過四川大地震的晃動，經驗可忽略。此時，整棟樓都在晃的感覺完勝過山車的暈眩，我只好看着大家怎麼辦。

但，所有人只是站着……課長走到窗邊看看大街上啥情況，也有人靠過來，然後發現大街上並沒有疏散人群。課長安心地說了一句：「大家都很淡定嘛……」於是乎，安心下來，持續了一分多鐘的晃動也漸漸弱了下去。

隔壁經濟課快速打開電視看起直播，仍在擔心的人伸長了脖子，注意着實時播報。我第一次發現辦公室有電視。

一陣騷動過後，大家又迅速恢復了平靜，該幹嘛幹嘛。繼續敲電腦，繼續編輯文檔，繼續收拾會議材料。

打算回家的宮澤桑，也只好放下包，脫下外套，繼續坐下，等待收工。

過了兩三分鐘，大家心有餘悸地開始交流。

「神戶都已經好久沒這麼強烈的晃動了，真要嚇死了……」

「怎麼鳥取也震了？這邊比關東安全啊！」

「高桑你是不是第一次經歷地震啊？」

知道自己安全了，才談笑風生吧。若是 95 年阪神大地震再來，都要嚇哭了。

後來，我有工作要外出，被領導打趣：「哎呀，電車該是停了吧？可能不用去了……」旁邊的人都笑了。

原本和 LUI 約好車站匯合，卻沒等到她。因為部分電車晚點

了，她得排隊等待上車。我站在月台，看到候車乘客如往常一樣，沉默着等待，沒有抱怨，也沒有無序，甚至連電車是否會因為餘震而危險的憂慮都看不出，安靜，井井有條。

獨自坐車的我望着窗外平靜的風景，望望車廂裡和平時無異樣的乘客，想起一小時前辦公室的慌張，這種反差真真讓人感覺到島國的不可思議。

防震路上，從未鬆懈

意識到 3.11 的日子靠近，是看到電視上關於六周年紀念的報道越來越多，關於災後重建，關於至今生死未卜的遇難者，關於幸存者的現狀，關於一直懸而未決的福島核電站。

所有關於這一切的節目，都不可避免地有着揮之不去的悲情，蒙着一層似乎總也拂拭不去的灰色。

3.11 之前，對日本人影響最大的是 1995 年阪神淡路大地震，里氏 7.3 級，6 千多人死亡；再往前，能數出來的大地震，要推到二戰前的 1923 年關東大地震，7.9 級造成 10 多萬人死亡。但年代過於久遠，傷痛變淡很多。直到 1995 年的阪神，島國人民又被深深震醒，原來地震從未遠離，更沒有意識到十幾年之後，會有一場伴隨着大海嘯而來的強震再次襲來。

但幸運的是，以 1995 年地震為轉折點，日本全面加強了防震減災的準備，也大力普及了防災意識，讓每一個居住在島國的人，時刻把危機意識牢牢印刻在腦海。這也使一部分人在 3.11 發生的時候，倖免於難。

神戶的景點不多，除了自然景色，有一處特別的人工景點，叫

「人與未來防災中心」，建在當年受災嚴重的神戶海岸地區。

建築本身也是一道風景，整塊整塊的落地玻璃，在藍天之下恍若未來世界。建築內部是地震展廳，也是一個生動的地震博物館。

整體分兩棟樓，「防災未來館」和「人未來館」。2002 年 4 月，由兵庫縣政府與日本中央政府合作建成。建成時主要想把日本積累的賑災救災經驗分享出去，讓更多人免於受難，創造更安全也更可靠的社會。

除了災難的總結，展館也負責收集和保存原始文檔與資料、對 DRR[①] 的研究和培養 DRR 專家、培訓管理防災人員、對災害發生地進行支援救助以及網絡交流。

展示區有一整面照片牆，真實記錄了 1995 年阪神大地震，830 件現場的原始物品加強了地震的真實感受。4D 效果的地震體驗區，讓參觀者從建築物、車輛等不同位置體驗到地震突然降臨的驚險與可怕。

工作人員的講解補足了更多詳細信息，英語、漢語、韓語和西班牙語滿足了不同國家遊客的需求，還有 160 位志願者在這裡義務工作，她們多是日籍外國人，有的還是地震體驗者，希望為來自母國的遊客提供些許便利。

每年，來這裡參觀的客人超過 50 萬，大約 5% 來自海外；一半

....

① DRR，是 Disaster Risk Reduction 的首字母縮寫，意為「減輕災害風險」。

照片牆記錄了 1995 年阪神大地震的災難現場

名為「京」的超級計算機系統，2012 年在神戶人工島上建成，由日本理工研究所和富士通共同開發。

兵庫縣立広域防災中心兼兵庫縣消防學校，位於神戶北部的三木市。

以上是日本國內的學生，這裡是小學生的教育基地。從小培養的防災教育，使得生活在這個地震頻發的小島上的日本人，人人具備防災意識和自救能力。

但這種自救能力在災難面前太微弱了，日本一直舉國之力不斷提高技術，想從源頭更多了解地震。我親身經歷過手機的地震預警，不得不感慨反應之快；但至今，地震仍被定義為不可預測，能做的只是震後第一時間將傷害降到最低。

名為「京」的超級計算機系統，就是起這個作用。這座未來超級計算機系統，承載着實驗、科研等領域出現的大型複雜運算，其中一個重要任務是，災害發生時如何以最快速度最高效率組織大家避難。全日本都安裝了信號系統，這裡能操控日本任何一個地方發生災難時的第一現場。

一旦災害發生，災後救援才最實際，也最有效，神戶北部的三木市就承擔了這樣的任務。因為隔着六甲山脈，三木市得以避開諸多災害，成為近畿地區的災後救援大本營，一所集消防學校在內的綜合避難所就建在了這裡。

學校配備了一個大型綜合場館，包含足球場、網球場和塑膠田徑場，平時做體育場，對外租用開放。緊急時刻，這裡迅速變身臨時避難所，可以同時容納2萬多人。

與普通體育場不同的是，場地周邊的倉庫存放的並非運動器械，而是各種救災物資，食品、衣物、救災工具，和搭建臨時住宅與衛生間的器材，存量足夠2萬人使用。食物有保質期，會定期更

換，以保證安全。如此大規模的防災場景，讓人切身感受到日本人「時刻準備着」的狀態。

整個展館最讓人震撼的，是地震體驗車。坐在模擬地震的體驗車裡，從里氏 5 弱地震，逐漸升級至 7 強，眼看着所有物品散落一地，感覺自己的內臟都在顫動，這滋味着實不好受。如果是真實發生，真的會嚇哭。

設計成地震車，是為了流動使用，可以開去各種地震防災活動中。沒有經歷過大地震的人，能通過它得以感受地震的「滋味」。

災後救援除了身體，也少不了心理。「心理治療中心」應運而生。

兵庫縣有日本第一家綜合性災後心理醫院，提供臨床心理治療，也接待心理醫生的培訓和研修項目。中國 2008 年四川大地震發生時，這裡也提供了援助。

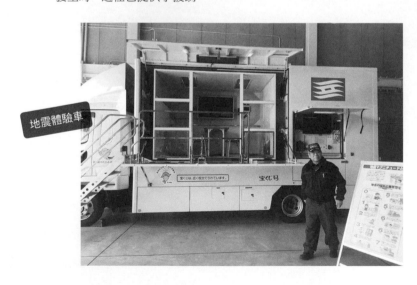

地震體驗車

　　在縣廳工作的交流員，幾乎人人都要因公來防災中心好幾次。2017 年的「東北亞防災會議」在神戶召開，我和韓國交流員全程參與。日本的地震經驗之豐富在全世界都屬罕見，島國也一直以開放的姿態，樂於對其他國家傳授經驗。

　　東北亞防災會議，是指除了北朝鮮的東北亞，中、日、韓、蒙古四個國家，會議聚集了地震局及紅十字救助協會等相關領域的負責人，通過專家講座、意見交流，一起面對人類共同的課題。

　　即便中日韓關係錯綜複雜，但在自然面前，在可怕的災難面前，參觀者都會忘記自己的國別身份，都不過是渺小的人類。就如三木市的地震研究員所說，「阪神大地震時，日本接受了各位國家的援助，日本以後還會發生類似災難，希望大家繼續伸出援手。當各位的國家發生災難時，日本也會盡最大努力提供幫助。」

　　健康平安地過好每一天，是每一個人最希望的事情，不分國家。

　　會議那天，遇到了集體修學旅行的小學生，他們的臉上掛着無憂無慮的笑臉，就好像災難永不會降臨。

果然是有四千年歷史的古國

日本超市有一種叫「麴」的東西，類似中國的酒麴。把一袋「麴」放入煮好的粥裡，靜置一夜，第二天早上，就能得一大鍋米酒，我喜歡煮紅糖米酒湯。

有時候在辦公室和日本女生聊天，說到體寒，我像推廣中國旅遊一樣推廣自製米酒，還附贈紅糖米酒湯的做法，以及加雞蛋的豪華版！只是，每次都深感無力。說了一堆，只換回她們一句：「我知道我知道！就是超市裡那種『甘酒』對嗎？」一臉的恍然大悟狀。

「甘」是日語的甜，「甘酒」就是甜酒，名副其實的甜，像喝糖水。它本質上確實是米酒，不過，很少看到日本人買。

美莎子最常和我抱怨體寒，她太瘦了。我和她說了很多次喝紅糖米酒湯，但終究是浪費口水。

有一次我要出遠門，望着冰箱裡的一大罐米酒，靈機一動，裝了一瓶帶去辦公室送給她，文字版的做法也一併送上。

休假結束回到辦公室，整桌人都知道她喝了我教的紅糖米酒湯，因為她和所有人繪聲繪色地描述了這湯有多暖多好喝。她還變成我的角色，開始向韓國的閔桑推廣。

我對日本女生的演技一向有些警惕，不管好不好吃，她們都能以假亂真地說出「看起來很好吃」。但我看出來，美莎子是真心喜歡。她還說，早上看到一個電視節目，也在宣傳米酒的功效，說是「可以喝的美容液」。

末了，美莎子還崇拜地感慨了一句，「啊，不虧是有四千年歷史的國家啊！飲食太深奧了！」

慢着，怎麼是四千年？不應該是「中華上下五千年」嗎？那天有活動，沒來得及多想。

隨着入冬越來越冷，辦公室感冒的人也越來越多。只有我和淺田小姐沒有中招。結果我被淺田小姐教會一句大阪諺語：「阿呆は風邪ひかない」（不感冒的都是傻瓜）。

病情最嚴重的是我旁邊的橋下君，一直打噴嚏流鼻涕。這小伙子平時在辦公室謹慎到水都不怎麼喝，我就提醒他，多喝點熱水，感冒好得快。沒想到，他從包裡拿出午後紅茶的飲料說：「我聽說感冒要多喝茶，就買了這個……」

我吃驚：「你這是飲料呀！」

「這不是寫的紅茶嗎？」

日本人的「茶之觀」，總讓人大跌眼鏡。

辦公室招待客人都用茶包，夏天用冰茶，這冰茶不是泡的熱茶放冰箱冰，而是在便利店買回一升裝的冰鎮烏龍茶，倒入杯子，端給客人。我以為是為了方便，其實是日本人覺得這就是茶，沒甚麼不妥。外國人仰慕的「日本茶道」是藝術，不是普通人喝的茶。

224

「這個加了很多添加劑，還有糖，所以不是茶。我們說的茶，是茶葉或茶包泡的茶水。」淺田總明白我的意思。

「啊，原來是這樣！」橋下恍然大悟。

「還有，你回家後買些薑，煮薑水喝，感冒好得快。」我又教他一招。

他感慨一句：「真不愧是中國，有四千年的歷史！」

慢着，好熟悉的一句話，怎麼又是四千年？這次忍不住好奇，和淺田小姐討教起來。

她笑說，剛去中國的時候，聽大家說「中華上下五千年」也很震驚，因為日本一直說「四千年」。起因是 80 年代有一款即食麵廣告，廣告詞是「傳承中國四千年味道的魔幻拉麵」，後來家喻戶曉。

即便現在打開官網，依然是這句神奇的宣傳語。

這家公司是「明星拉麵」，如今也在島國有超高人氣。

12 月都是忘年會

很多人知道「忘年交」，但不一定知道日本的「忘年會」吧。

都是「忘年」，兩個「年」意味截然不同。前者是年齡，而後者指年份。所謂「忘年會」，就是辭舊會。

日本的新年是公曆 1 月 1 日，12 月成了忘年會的高峰。聽起來像是我們的年會，或者台灣的尾牙，實則不完全盡然。不參加幾次，真心難以理解日本人對忘年會的熱衷。

首先次數很多。年會或尾牙多是公司規模，年底一次。日本的忘年會除了單位規模，更多是私人聚會。從小範圍的同事聚會，到老同學，單身姐妹們，甚至是和客戶，人數也不限。

我來單位才一年，12 月就排了十多次聚餐，可想普通日本人的 12 月，每天下班後不是在喝酒，就是在去喝酒的路上。.

12 月也成了醉漢出沒的巔峰期，幾乎每天坐電車都能看到醉成爛泥的人，直接癱坐路邊。

參加忘年會的費用，大多自己承擔。私人聚餐無可厚非，但公司的忘年會，也不要奢望可以吃公款。雖然辦公室的「忘年會」沒有出錢，但羊毛出在羊身上，我們每個月交了工會會費呀。事先做

的餐廳意願調查裡，很民主地徵詢了大家的意見，想吃日料、西餐還是中餐，最後溫馨提醒，推薦的地方包含酒水不要超過人均五千日元。

五千，恰好是一場忘年會的平均費用。日本人熱愛酒精，很多居酒屋就巧妙地推出「五千飲み放題」（無限暢飲）的套餐，可以一次喝盡興。通常酒足飯飽後，餘歡未散，總有人提出「二次會」，換個地方繼續喝，或者去唱 K，也總有人陪着繼續瘋。有時玩過頭，還有三次會四次會，甚至結束後已迎來第二天。

泡沫經濟時期，聽大叔們說，那些年的日本公司出手闊綽，忘年會不僅不用自己出錢，散會後還有價值不低的伴手禮；喝到深夜也不擔心錯過末班電車，反正有錢！打車！東京銀座街頭，手裡拿着一萬日元的鈔票攔車，司機都不願意停下來，臘月寒冬裡，排隊一個小時才等到車的情景處處可見，哪裡像現在這樣，的士站的空車一停十幾輛。

難怪現在的年輕人時常懊惱，怎麼自己沒趕上那個好時代。現在聚餐不僅心疼錢包，還要一直看時間，生怕錯過末班車，否則，寧可在麥當勞點杯飲料坐一夜，也不想出錢打車呀！

踏上末班車的一瞬間，大家心裡都要大呼「safe」，接着，就可以安心地小憩片刻了。深夜的電車，飄散着這個季節才有的酒精味，都是睡得東倒西歪的身影，與清晨的嚴肅正經截然兩種畫風。但島國人民都有一種到站瞬間清醒的技能，除了偶有睡過頭的醉漢，大部分人出了車廂，可以瞬間變回嚴肅臉。

在日本，酒精有神奇的魔力，可以把日本人分為「平時的日本人」和「喝了酒的日本人」。

有天晚上要參加同事組織的私人聚餐，十幾人，是關係相對近一些的。即便近，平日裡彼此也很少說話，從早上端坐到下班，最多聊兩句無關痛癢的「今天好冷啊！」「好睏啊！」「累……」就算約好了晚上一起吃飯，也不會互相招呼着說「等下下班我們一起走啊！」仍舊按照各自節奏，先後離開辦公室，各自準時赴約。

然而！一旦到了居酒屋，過了暖場的前半小時，酒精開始發揮作用，日本人，就變臉了。

「領導太妻管嚴了啊！」「副課長最近一直請假，聽說生病了……」「課長好像有去健身房哦，我還看到他經常在超市買東西，真是模範老公！」「不知道班長有沒有結婚？好好奇啊！」……

多喝一些，話題發生變化，「閔桑，你最近是不是談戀愛啦？越來越洋氣了哦！」「RORO，你一個人在日本，一定很寂寞吧……」「橋下，你和那姑娘怎麼樣啦？」目標開始轉移到在場年輕人。

再幾杯下去，八卦失去魅力，「怎麼辦啊，明年合同就到期了，要失業了啊！」「我跟你們小姑娘講啊，保養要趁年輕！」「今年的課內氣氛太壓抑了，平時想聊天都沒機會！」「讓我加班也不多給工資，政府真摳門」……工作吐槽慢慢增多，最後，變成了「今朝有酒今朝醉」的豪邁碰杯。

我每次看到辦公室裡嚴肅的 ×× 桑和 ×× 君，喝了酒之後變成另一個人時，都會大大地感慨一句，「原來 ta 是這樣的人啊！」

　　然而，就算這一天晚上大家喝得盡興聊得投緣，第二天切換回正常日本人的角色後，誰也不會提起昨晚的隻言片語，好似甚麼都沒發生，一切都在當時的環境裡做了了結。大家默契地戴上白天標配的嚴肅面具，回歸槽點滿滿、卻只能乖乖服從的職場。

　　一起喝了酒就能變得更熟？想多了。想聊天，等到下次喝酒的時候吧！

　　如此，也就更明白日本人對居酒屋的深愛，尤其是可以冠冕堂皇「忘年」的 12 月。謹慎拘謹了一年，必須要把舊的壓力和不滿，在 12 月的酒桌一吐為盡，這樣才能清爽地迎接新年，給自己一個可以期待的來年。

害怕被說是 KY

進入冬季後，國內的霧霾又上了島國頭條，新聞照片裡一片灰蒙蒙，再望望窗外神戶的藍天，反差有點殘酷。

國內朋友來日本旅遊時，大多一落地東京，就覺得換了星球，貪婪地呼吸着。可日本鄉下的阿叔阿婆，不想讓孩子離開家鄉的時候，會這麼說：「東京有甚麼好的啊！人又多，空氣又糟糕！」開始我也不理解，後來多次「下鄉」，才知道他們並沒有誇張。在辦公室接過一個指明找中國交流員的電話，問我北京的空氣為甚麼這麼糟。

不過我們說的「空氣」，在日語裡不說「空氣」，而是「大氣」。日本新聞裡常見的「大氣污染」，就是空氣污染。

日語也有「空氣」一詞，卻是完全不同的意思，而且是一種可意會不可言傳的表達。

如果一定要定義，維基百科上的解釋是，「その場にいる人々の気分やその場の雰囲気という意味もある」，可以理解為「在場的氣氛，或者當時那個場合的氛圍」。「空氣」常和動詞「読む」搭配使用，「空気を読む」就變成了「讀空氣」，即我們說的「有眼色」、「會察言觀色」；不會讀空氣，就會說「空気が読めない」，即「沒有

眼色」、「不會察言觀色」。為了表達簡潔，年輕人直接取這兩個詞的羅馬音首字母，即「空気」的「K」和「読めない」的「Y」，組成「KY」。一用即火，這個詞還榮登了 2007 年的流行詞大賞。如今已變成日常使用。

雖是流行語，但不能亂用。在日本說某人是 KY，算是惡評了，比「土氣」「low」「天然呆」嚴重多了；萬一不幸被人說成 KY，得迅速反省自己的言行，否則很可能成為被冷暴力的對象。

日本社會裡「空氣」的重要性，非其他國家可以想像。從讀書時代到進入職場，大家常常討論誰是 KY，並在背後冷嘲熱諷。還有電視節目邀請嘉賓來討論哪些言行容易成為「KY」，給觀眾奉上「避免成為 KY 指南」。

比如，一群女生都在討論迪士尼有多可愛多好玩，一年去十幾次都去不夠，要是能在迪士尼被求婚該有多浪漫，正常的接話應該是：「是啊是啊，我也好喜歡迪士尼！」「你上個月去了呀？好棒！」如果你很誠實地說了句：「迪士尼都是給小孩子玩的啦！」腦門上馬上會被刻上大大的 KY。

再比如，臨近年底，大家都在辦公室忙得不可開交，某同事罕見地請假，其他人以為他家裡出了甚麼事，關心地一問，答曰「年底嘛，要大掃除，怕過年那幾天收拾不完……」周圍一片安靜，滿滿的都是 KY。

還有一個例子。辦公室有個大姐熱衷心靈雞湯，最喜歡和年輕姑娘談「幸福是如何培養的」這種話題，有天她拿來一本最新讀物，

類似《明天開始擁有幸福的 100 種方法》這種題目。她正眉飛色舞講到嗨時，一直男上司嚴肅認真地反駁道，「你現在不幸福嗎？你真的以為讀了這本書就能幸福嗎？你真的……」一臉真面目（日語意為「認真」）的樣子，讓周圍配合演戲的同事們都無法撐下去。雞湯而已，何必如此 KY？

某些場合的 KY，是國際公認的「缺心眼」。畢竟有些人，是真的不會說話。可是島國有些 KY 卻讓人感到莫名其妙。

一個真實案例。某單位的英文交流員做翻譯校對，每次都很仔細地提出修改意見，但負責翻譯的日本同事自詡名牌大學英語專業出身，不能接受自己的作品被批註一堆。終於有一次，她說了這位交流員：「××桑，你知道 KY 這個詞嗎？我覺得你有時候有些KY……」日本人一向比較能忍，這是忍到甚麼程度才把話說到這份上，而英文交流員完全不知道自己做錯了甚麼。其實，這種情況裡，日本人希望對方走個過場就好，而不是被人指出她的英文還不夠地道。

我還看過一個小學生自殺事件的追蹤報道。起因是小朋友們在LINE 的群裡說某個新表情很可愛，有個女孩子說了句：「還好吧，我覺得沒有那麼可愛啦！」結果群裡沒有人回話，在網絡的空氣裡被默認為 KY，繼而延伸到現實裡，她慢慢變成了被疏遠的對象，一步步被冷暴力，最終釀成了慘劇。

一個有趣的 KY 事件是，某次聚餐上，日本同事問外國同事：「你來日本最喜歡吃的東西是甚麼啊？」這種空氣裡，日本人期待的

回答多為「壽司」「生魚片」「天婦羅」，再不濟也得是「章魚燒」，起碼得是日本料理的一種吧。結果，天然呆的姑娘俏皮地說：「就是咱單位對面那家韓國拌飯！那個湯真好喝啊！」如此超出預期範圍的回答，顯然擾亂了現場空氣。還好是外國人，日本人只能自己救場，說了句「這樣啊」，心裡已經標記對方是 KY 了。

成為 KY 很簡單，就是在某個場合說了和大家不一樣的話，破壞了現場的一團和氣，無論那句話是否有傷大雅。

坦白講，有些 KY 事件放在其他國家，絕不至於有多嚴重，非原則問題上，誰還不能說句真心話，可在日本，這有點難。

日本的「空氣」，是一種無形又強大的力量，迫使每個人做出一致的言行，才能「從眾無懼」。

春天來一場「春鬥」

　　每年 2 月是中國的春節假期，當大家沉浸在一片喜慶時，日本人已開始了工作。明治維新時期，日本廢除了農曆春節習俗，只過陽曆的新年，2 月成了普通日子。

　　但隨着春天腳步的臨近，島國人民心懷期待，除了尚早的櫻花，還有一年一度的「春鬥」之事！

　　確切來說，「春鬥」是「春季生活鬥爭」的簡稱，這裡的「鬥爭」不是武力衝突，而是通過有組織有紀律的示威遊行，向老闆要求上漲工資、提高待遇的和平鬥爭。「戰場」多在自己單位門前。至於為甚麼是春季，是因為島國的新財年始於每年 4 月，和學生的新學年始於 4 月步調一致。

　　公司進新人之前，邁入新財年之前，選擇春天到來的 2 月、3月，和公司做一番討價還價，更容易取得成功。同時，比起一個人弱弱地跟老闆說「我想加工資……」，自然沒有全公司集體和老闆叫板「給我漲工資！」來得氣勢大。雖然老闆比誰都明白，員工也做不出大舉動，但總得在群眾呼聲面前，表現出無損身份的回應。

　　結果就是，每年都鬧，每年都能稍微漲那麼一點點錢。從大企

業到小公司，大家前仆後繼地，你方唱罷我登台，都在和老闆談條件。

至於能漲多少錢，厚生勞動省 ① 每年會在官網上公開當年春鬥的平均效果，即月工資增加額平均數。2016 財年，這個數字是6639 日元，比前一年下降了 728 日元。但島國人民要求提高的平均額度是 9045 日元，比前一財年還高出 2.1%。但「理解萬歲」，合理協商，雙方各退一步，方能海闊天空。

「春鬥」的歷史不算短，1955 年就開始了，當時日本的工會勢力開始強大，甚至和終身雇傭制、年功序列合稱日本經濟發展的「三大神器」。剛開始，還真有點「鬥」的成份，方式比較過激，工人們拿着工廠的工具，在老闆門前造勢。後來逐漸過渡為成熟的鬥爭方式，通過單位內部的「勞動組合」── 我們說的工會，來表達民眾心聲，再進行規範合理的示威，最後爭取雙方都滿意的結果。

不過，這種鬥爭通常在民間企業普遍，很少在政府部門見到。但有天中午，我竟在縣廳門口看到公務員們「聚眾」示威，而且是教師們。

在日本，教師職業屬公務員行列，據說平均工資還高於政府人員。但錢多都是辛苦換來的，他們工作強度之大我深有體會。所以春鬥的季節一到，平時忙到沒有休息日的他們，怎麼也要抽空趕

① 日本的厚生勞動省是負責醫療衛生和社會保障的主要部門，負責國民健康、醫療保險、醫療服務公益、藥品和食品安全、社會保險和社會保障、勞動就業、弱勢群體社會救助等。

來。拿着大喇叭在政府大樓下，一遍遍吶喊：「我們實在忍不下去啦！」一群老師像平時領讀孩子們上課一樣，跟着口號集體發聲：「反對加班！反對加班！」「萬歲！萬歲！」氣勢完全不亞於各黨派的街頭巡演。而這，明顯在給這棟樓裡的教育委員會施壓。

恰逢午休後的上班時間，一片困頓中，沒人留意樓下的哄鬧，似乎司空見慣，也或者在暗暗祈禱，繼續努力啊！說不定我們也能跟着漲呀！

大喇叭聒噪了半個小時，溫和地表達完意見，大家有序散開，早早拉響了今年的「春鬥」序幕。

兵庫縣教師的「春鬥」

老爸的 26 年，日本的 26 年

20 多年前，即 1991 年，我爸在岡山縣 [①] 新見市工作了一年後，踏上了歸國之途。那一刻，他應該沒想過甚麼時候再回來。

在神戶工作的那年春節，我在日本沒有假期，就邀請老爸來神戶與我團聚。假期裡我陪他轉了神戶、京都，上班的時候，只能讓他自己逛，靠肢體語言與人溝通。

好在他在日本待過，也看得懂一些日語，加上我用微信給他遠程指揮，竟也順利地一個人往返了大阪。後來，我請了年假，安排了一趟「記憶之旅」，打算回他當年工作過的地方，重溫一下青春年代。剛好我也沒去過那裡。

如果不是老爸的關係，我也不會想到「新見」去。在網上查了查信息，那裡毫無觀光點。當時他來這裡，是因為新見和我老家 —— 河南省信陽市，是友好城市。

小時候很長一段時間，我一直以為他去的是新潟 [②]。老爸普通話

---

① 岡山縣，位於日本本州西南角，面對瀨戶內海，日照時間長，有「晴天王國」之稱，盛產葡萄、水蜜桃。

② 新潟縣，位於日本本州中北部，瀕臨日本海，是日本重要大米產區。

不標準，一直將錯就錯了。後來我學了日語，得知新潟大米很出名，就問我爸，是不是真的好吃，他一臉迷茫。這才鬧清楚，他去的是新見，跟新潟隔得老遠。

新見在岡山縣北部，漫山遍野的森林，是個林業發達的小城市。雖說是個城市，但一點也不繁華。

這個小鄉村在 26 年前，還是一副欣欣向榮的模樣。

從老家信陽輾轉到上海，他第一次坐飛機，第一次出國，代價很大。那時候，我們家還住在單位家屬院的平房裡，他每月工資只有 100 多人民幣，而往返日本的機票，幾乎是他一年的工資。當時，老爸從大阪關西機場出來，坐上接待部門的大巴，一路高速飛奔，沿途看到的是一派繁華，高樓大廈、阪神工業帶、港口集裝箱，這現代化，簡直看花了眼。到現在，他還清晰記得那一瞬間的衝擊，「世界上居然有這樣的國家，像天堂一樣！」

新見市區主要商業街

到了新見，老爸像劉姥姥進了大觀園。九十年代初，日本經濟正鼎盛，接待部門每每出手闊綽，帶着發展中國家來的技術人員，吃飯、喝酒、旅遊。他暗暗合計，一盤生魚片幾千日元，相當於幾個月的工資；一杯朝日生啤 400 日元，也是半個月工資啊！這麼一算，不吃不喝就虧大了，於是，次次吃到扶牆出來，啤酒也喝到飽。至於理髮，大家拿推刀互相幫忙就好了，怎麼可能去美容院花 6000 日元，那是國內 4 個月的工資呢。

後來聽說日本上司一個月拿 50 萬日元，按當時匯率有 4 萬人民幣的時候，老爸簡直被嚇傻了！他無法想像，自己何時才能賺到人家一個月的工資。

當時他們一行五個人，研修生身份，每個月有 10 萬日元補貼。靠了老爸在日本的一年，他一回國，我們家就換了新房。

現如今，工資漲了幾十倍，但羨慕的日本工資，他還是沒追上；國內物價倒是節節攀升，大有趕超日本之勢。

前幾年，我帶着 90 後的學生來日本遊學。年輕人在東京買得停不下手，邊刷銀聯卡邊驚歎：「哇！日本的東西好便宜啊！」殊不知，在他們出生的前幾年，老爸在日本還在驚歎：「一碗麵要我半個月工資？簡直要命啊⋯⋯」

再次踏上曾經停留的土地，老爸沒了當年的青澀和怯懦。懷揣着銀聯卡，看到心儀的亞瑟士跑鞋，也終於揚眉吐氣：「這比國內便宜很多啊，買！」牌子還是當年的牌子，價格還是當年的價格，老高終於不再是當年的小高，拿着人民幣在日本刷個了痛快。

　　走在一戶建密集的居民區，當年視為日本夢一般的洋氣小別墅，而今在他眼裡甚是普通；滿大街的輕排量小汽車，看起來真的小，遠沒有國內帶尾箱的大汽車氣派；新幹線還是那麼貴那麼快，但坐的人不多，還沒有國內的高鐵利用率高；泡沫經濟時代，一棟棟拔地而起的摩天大樓，但這些年老爸也去了不少地方，如今再看日本的樓，好像沒有以前那麼震撼。

　　在新見的時候，我陪他走回了曾經住的地方，剛好在當地政府大樓旁邊，很容易找到。看到和當年一模一樣的場景，老爸有些感慨，大概腦海裡蕩起了激情燃燒的歲月。

　　我們試着走去山腳下的工作站，中間經過一條長長的商業街，他說和以前有天壤之別。曾經，一家家熱鬧的店舖，滿足了老爸對日本的所有好奇，但老齡化不斷加劇的鄉村，店舖都處於歇業狀態，只有一家賣唱片的小店，貼着美空雲雀 ① 的廣告。

　　後來，老爸憑着記憶走回了工作地點，卻已物是人非。26 年，模糊了太多過去，他自己也記不清，是不是同一個工作站，出入的都是陌生面孔。只記得，河流還是一樣乾淨。

　　26 年那麼長，長到我爸從剛工作到快退休，長到我那時候還咿呀學語，現在也年過三十；26 年又那麼短，短到老爸不知不覺間，重遊故地。

---

① 美空雲雀，1937—1989，日本歌唱家、演員，代表作有《川流不息》等，被稱為「歌壇女王」。

時光，在這裡彷彿是停滯的，還留在久遠的昭和時代。

老爸一陣唏噓，我陪着他在河邊待了會兒。他在感慨時光飛逝，我在感慨這個地方還有多少人住呢。

　　除了日語比當時退步很多，他依然知道垃圾要分類，抽煙要找到吸煙區，知道我有時候忘鎖門也沒關係，知道電車上說話要小聲……因為，這些和 26 年前沒有任何變化。

　　如果說，當年的日本在硬件和軟件上給了他雙重震撼，這次再來，他不再感慨一些硬件，曾經很眼紅的平整公路，昂貴到奢侈的好餐廳，物資充足商品氾濫的超市，以及滿大街時尚洋氣的漂亮姑娘，都成了稀疏平常；相反，他每每看到街上的小朋友自己背着書包上學回家，看到鴿子烏鴉滿地跑、河裡的鴛鴦愜意游水，看到車上的老頭老太拿着外語書努力學習，喝到和 26 年前一樣甘甜醇厚的牛奶時，他比當年更加動容，感慨這個島國的堅強與溫柔。

　　有人說，日本這二三十年是失去的，停止的；或許，在老爸看來，日本人已經享受了美好和諧的二三十年；甚至，比起當年的浮誇與稚嫩，社會變得愈發成熟與內斂。

　　下一次故地重遊，應該不用再等 26 年，那時，老爸又會有怎樣的感受呢。

微信和 LINE 有多遙遠

這兩天橋下有件煩心事。

起因是他和中國進行工作聯絡，用單位郵箱發的郵件對方能收到，但對方回的郵件卻成了亂碼。想起去年我也遇到過這個情況，建議他找對方要 QQ 郵箱，可惜仍然是亂碼，無法復原。

我這才意識到，單位的網絡系統最近做了調整，給「中日溝通」帶來了新的挑戰。雖然 QQ 漸入冷宮，但之前還能構架信息橋樑。現在倒好，所有來自中國內地的郵件統統都被網絡系統攔截了。

雪上加霜的是，正式公務員辦公電腦無法登陸 gmail 之類的私人郵箱，郵件往來全部依靠縣廳內部老舊的郵箱系統 —— 附件大小只能發幾頁 word，需要手動編輯通訊錄，無法和網頁進行複製黏貼……

同事建議橋下發傳真，但這個原始方法解決不了附件的傳送問題。於是，這一封加了 word 附件的郵件，就像突然被停航的飛機，無論如何都無法漂洋過海了。

最後只有一個辦法。

經過課長批准，橋下用了辦公室裡限制較少的公用電腦登了

gmail，耗時了幾天的郵件，終於搭上了重新起航的飛機，成功落地。不過，郵件一來一往，橋本每次和中方聯絡，都需要用「特殊」電腦。

後來，我建議橋下在手機下載微信 App，這是和大陸聯繫的最簡單辦法，也是之前的工作經驗。有一次協助日本同事聯絡海南來的研修醫生，也遇到了類似溝通障礙，果斷下載了微信，雖然聯繫人只有我，以及她的中方客人，但輕鬆解決了煩惱。

不過，橋下是日本好員工，連 LINE 頭像都設置成了兵庫縣吉祥物，所以，對於「微信」，他表示出難以掩飾的質疑。即便他看着我和中方用微信瞬時信息交換，還能進行網絡支付時，露出了極其驚歎的表情，還是表示無法逾越辦公室界限。

其他人都用單位郵箱，他如何敢用類似聊天工具的微信。

國內客人來神戶參加活動，大家習慣了處處有免費網絡，誰也不知道要租個隨身 WIFI 帶過來，一到入住酒店就找我要密碼，我只能抱歉地說，沒有 WIFI 啊⋯⋯

刷不出來微信，急壞了大家，只好我開熱點。後來和其他國家的代表聊天，想交換聯繫方式，先交換了名片，後準備「掃一掃」，突然卡住，因為大家用的不是一個 App。微信和非微信之間成了世界上最遙遠的距離。你就在我面前，我卻不能加你為好友。

在日本被問過很多次的問題是，為甚麼中國不能用全世界在用的社交網絡，每次都自嘲地攤手一笑，解釋說我們有自己的微信。不過，這阻擋不了日本人努力克制的同情神色，他們內心在想，中

國果然很封閉啊，和北朝鮮一樣專制呀……當我們悲歎朝鮮人民生活在水深火熱之中時，殊不知在一些日本人眼裡，我們並沒有比朝鮮人民好多少。

沒有共同的社交工具，導致一些潛在關係生生被遙遠的社交距離給隔斷。好在現在有很多日本人申請微信賬號，專用來與中國聯絡。

無處不在的儀式感

　　離開辦公室前，最頭大的事情就是收拾辦公桌。堆積了一年的資料，攢到最後，還是要一一「斷捨離」。但有些東西收拾出來，無論如何都不捨得丟棄。

　　都是之前去學校做活動後收到的大封感謝信。不同於正式書信，這些是小朋友製作的，很可愛。每人寫兩句話，老師統一整理好，郵寄到辦公室。即便是交流員全體做活動，也不會統一寫給四個人，而是每人一份單獨的內容。

　　其實和學生們相處時間很短，最多就一個小時，能告訴他們的事情也很有限。但在看似全球化國際化的時代裡，普通人在自己生活裡接觸的外國人並不多，更不用說能相對客觀地了解外國，他們常常驚歎於顛覆自己常識的事情，比如中國的面積有 30 個日本那麼大，從北到南坐飛機要六個小時，天津飯不是中國菜，不是每個地方都有熊貓之類。

　　孩子們會很實誠地說，文化講座讓他們更了解中國，如果有機會想來中國看大熊貓。但比起他們寫了甚麼，我有感於這種形式老土但感情滿點的做法。電子資訊的時代，我們很少手寫文字了，每一句

珍貴的「禮物」

用時間和心意書寫的話都顯得彌足珍貴。可在日本，這並不少見。

無論迎接還是送別，我收到了不少同事手寫的卡片，話語不多，附帶着自己創作的插畫，或者突顯自己特點的小設計，很用心；平時在辦公室的便籤條也充滿了細節，可愛手繪、塗鴉，都很「卡哇伊」。

在日本，僅僅是便簽、膠布，就能擺滿幾個貨架，生生逼出選擇困難症；買完之後，店員仔細地包裝起來，包裝袋也精緻到讓人不捨得扔掉，於是生生又被逼出包裝袋積攢癖。

孩子很喜歡做這些，也享受其中的樂趣，因為他們一直生活在這樣的環境裡。在家裡分吃點心時，哪怕只是中國朋友送的即食紅棗，媽媽也會拿出精緻的杯碟，手沖一壺咖啡或紅茶，搭配我們眼中微不足道的食物；在學校收到小夥伴送的東西，即便只是一張可愛的貼紙，也會瞬間兩眼放光萬分驚喜：「咦？我真的可以拿嗎？真的嗎？太讚了啊！」送的人也無比開心；家裡的姐姐週末參加甜點課程的結業典禮，明明只是個興趣愛好班，還是一大清早做了端莊的髮型裝扮，一身傳統和服身姿出現在會場，然後慶幸盛裝前來，因為大家都是晚禮服姿態；辛勞的爸爸無論一年四季有多炎熱，都西裝革履拿着黑色手提包早出晚歸，在每一個節日的晚餐前帶回應節的食物。

島國人民生活得很輕鬆，因為一切都可以按照規律進行，也有一套標準可以參照，夏天看花火，冬天看雪，這是季節上的參照；女生出門必化妝，出遠門回來必帶手信，這是空氣裡不成文的規

定。但島國人民也生活得不輕鬆，因為一切都有標準在旁，不照着做似乎會顯得格格不入。久而久之，便不知不自覺培養出了一套我們嚮往的儀式感。

有時也會覺得打電話發郵件的開頭末尾都要重複一樣的內容着實繁瑣，但又不得不承認，中文角的朋友給我開送別會時準備了小學生一樣的留言板着實令人暖心。

也許，在我們看來是儀式感的東西，在日本人眼裡只是普通日常；而所謂的儀式感也並非只是簡單記住重大節日去吃燭光晚餐，它滲透在每一個微小的舉動中，哪怕只是喝茶，哪怕只是傳話，哪怕只是寒暄。

所以，我在辦公室的最後一週，努力地寫着一封封感謝信，給每一位同事，并在最後一天送到了每一個人手上。

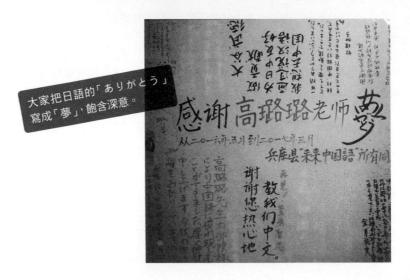

大家把日語的「ありがとう」寫成「夢」，飽含深意。

友好交流，任重道遠

2017 年 3 月 31 日是我出勤的最後一天，一年 20 天年假的福利竟然只消耗了一半，平時的請假大多用加班換來的代休替換了。認真的日本人不會克扣屬於我的權利，把合同到期前的 10 多天工作日全部換了年假。

最後一天出勤，照舊從住了一年的 40 年老樓出門，走在熟悉的小路上趕往車站。兩旁的樹木用一年四季的色彩變換適時地提醒我季節的更迭，我習慣了廣州的常年綠色，久違地感受了何謂「四季分明」。

到車站，刷月票，踏上 9 點 11 分的地鐵，在「縣廳前」站下車，從地下站台走上來，出站，進辦公室大廳，爬樓梯上 7 樓，走進「國際交流課」，把外套和包放入每人專屬行李櫃，回座位，開電腦，開啟一天的工作。

一套用一年時間固定下來的習慣，在今天，都是最後一場。

最後一天，不再有具體的事情，主要是和同事道別。

辦公室裡不止我一個人離開，有三年合同到期重新找工作的，有被外派新加坡辦事處的，有調任其他部門的，都將在下週一告別

這個呆了不長不短的地方，也會有新同事坐在自己的辦公桌，與春天一同開啟新的一年。

因為知道今天踏出辦公室就不好再回來，所以提前兩週陸陸續續收拾了東西帶回家，盡量在這一天把時間放在與大家的惜別上。

先去了稍遠的「兵庫縣國際交流協會」，雖然平時很少見面，但也一起做過多次活動，一起聚過鬧過，走前正式地表達一句「この一年間いろいろお世話になりました。本当にありがとうございました」（這一年受了您很多關照，真的太感謝了），腦海裡想起的都是一起工作的畫面，彷彿就是昨天，可如今一別，不知何時再見。加上有些同事新工作未定，少不了安慰幾句，也祝福她們。

回到辦公室，從局長手裡接過「友好親善大使」的任命書，想起去年剛赴任時，在同一個地方和局長初次見面寒暄。一眨間，一年轉瞬即逝。

局長沒有問我在這裡工作如何之類，先抱歉地說：「今年辦公室氣氛比較壓抑，委屈你了。」我有些意外。

雖所言是事實，雖然我也不時吐槽辦公室種種，但日本人工作的嚴謹認真，政府部門的公私分明，服務態度的親切務實，又何嘗不是在這個表面「高冷」的辦公室裡一點點感受到，又被震撼到的。

談到中日交流，我說自己所做有限，做了很多次學校訪問，堅持了每週一次的中文角，開過很多次文化講座，還是只能講冰山一角。如果有更多時間，我希望可以講給更多人聽，讓大家知道真實的中國；或者有機會，我希望大家可以來現在的中國看一看，畢竟

委　嘱　状

高　璐璐　様

中華人民共和国

貴国と本県との友好親善の更なる促進のため　あなたを
ひょうご友好親善大使に委嘱します

あなたが本県において培われた友情を貴重な財産として
今後とも貴国と本県の架け橋となってご活躍されることを
心より期待します

平成29年3月30日

日本国兵庫県知事　井　戸　敏　三

CERTIFICATE OF APPOINTMENT

Gao LuLu
People's Republic of China

With the aim of further promoting friendship between Hyogo
Prefecture and your country, I herewith appoint you Hyogo Special
Goodwill Envoy.

May the friendship you have formed in Hyogo Prefecture remain
a valuable treasure to you and serve as a cornerstone on which
your future activities as a bridge between Hyogo and your country
will be based.

In testimony whereof, this Certificate is made out and my signature
affixed thereto.

March 30, 2017

Toshizo Ido
Governor
Hyogo Prefecture

> 離開神戶時，我得到了日本外務省頒發的「JET絆大使」、兵庫縣政府頒發的「兵庫縣廣東省友好親善大使」的稱號。

ＪＥＴ絆大使

高　璐璐　様

あなたは「語学指導等を行う外国青年招致事業」の
参加者としてわが国の自治体における国際化の推進に
尽力されました

その多大な功績をふまえ　また今後わが国と貴国の
友好関係を更に強化していただくため　ここにあなたを
ＪＥＴ絆大使として任命します

平成29年3月10日

日本国総務大臣　高市早苗

JET Kizuna Ambassador

Lulu Gao

This is to acknowledge your efforts for the promotion of
internationalisation in local authorities across Japan as a participant
on the Japan Exchange and Teaching (JET) Programme.

In recognition of your significant achievements and with the
expectation that you will continue to strengthen the bonds of
friendship between Japan and your country, I hereby appoint you as a
JET Kizuna Ambassador.

10 March, 2017

Sanae TAKAICHI
Minister for Internal Affairs and Communications of Japan

眼見為實。就像如果我不是在日本，在神戶呆過這一年，不會對日本產生比留學時更深入的了解，以及更具體的感受。

局長說他在美國和法國外派時，有一樣的體會。如果不能親自去遠方看一看，所聽所了解的，終究是別人的經歷，只有自己走出去，才能對生活有更深的思考。

我忍不住和他分享自己有多慶幸來到神戶，這座不失繁華不失幽靜的海濱城市。來之前我對兵庫縣一無所知，可在這裡停留的時光，讓兵庫縣成了自己最熟悉也最喜歡的地方，想要讓更多人知道並踏足的地方。

局長聽了很開心，說他不是神戶本地人，也覺得這座宜居的城市魅力很大。他希望我回中國後能發揮「友好大使」的作用，不僅讓日本人了解中國，也讓更多中國人了解真實的日本，還有美麗的神戶。

這不正是我選擇回國的理由之一嗎？

有效的友好交流建立在對兩種文化的深入了解之上，當我一次次發現自己無法解釋自認為是常識的發音習慣、傳統習俗以及社會現象時，不得不回過頭學習更多中國文化。

同時，我又那麼想把自己學習了多年的日本文化，結合這一年經歷的種種日本當下，告訴給那些對島國感興趣卻只是靠片面渠道獲取信息的人。

交流，從來都是雙向的事情。

交流，也不止於官方層面，它更普遍地存在於你我之間。

在日期間，有國內親人朋友找我做嚮導，由此得以深入鄉村，入住民宿，品嚐當地特色，體驗到更地道的島國；也有日本朋友和我約好來廣州旅遊的時間，想親自看看我時常告訴他們的電子支付、高峰時段的大塞車、正宗的乾炒牛河。無論他們是否赴約，從原本對中國的懵懂，到如今有了極大興趣，知道了北京、上海之外的諸多事情，誰說這不是美好的交流。

離開辦公室之前，大家拍了大合照，定格在此時的「一期一會」。

驚喜又感動的是，同事們瞞着我悄悄準備了同學錄一樣的相冊，每個人都貼着自己的照片，寫了對我的祝福。真想反駁局長，這辦公室溫情着呢！

我們的交流，從此刻開始，將踏上新的旅程⋯⋯

後 記

　　國際交流課的工作多與外事有關，作為中國交流員，也是辦公室裡唯一的中國人，我主要負責與中國，尤其是兵庫縣的友好省——廣東省和海南省的交流工作，接待訪問團、協助外事活動、往來文件的翻譯與校對等。這些工作讓我切身體驗了日本政府部門的工作環境，近距離接觸了日本公務員的工作狀態。大門隨時對公眾敞開，硬體設施普通，但人性化的理念，踏實認真的工作場景，給我留下了深刻印象。

　　我和澳洲、韓國、美國的交流員常被外派到兵庫縣內各地，做學校訪問的交流活動，通過課堂講座和手工活動，給學生介紹國外文化。因為這項工作，我有機會深入兵庫縣很多中小城市，跨越東西南北，不僅對兵庫縣有了更全面的了解，也對日本的基礎教育有了更多的認知。

　　而每週一次的中文角教學工作，是另一個與日本人溝通的好場所。我從「學生」身上知道了他們眼裡的中國，也可以說，他們對中國的認知就是一般日本人的認知。我很重視這個工作，自己編排教學資料，希望通過有限的課堂時間，告訴他們中國真實的模樣。一年裡，我們常常以中國節日的名義聚餐，比如端午節、中秋節、

春節等，每次我也盡可能從國內帶來粽子、月餅等食物應景，烘托節日氣氛。

一年的時間轉瞬即逝，我還沒有回味過來的時候，已經要踏上回國的航班。好在我用文字和影像記錄了這一年的工作、生活點滴，時至今日依然對那段時光記憶清晰，隨時能想起兵庫、神戶的風景、美食、人文和故事。

神戶的好，我後知後覺。最初我只知道牛肉，來這裡居住後，漸漸明白了當地人的驕傲。關西地區有一句話，在京都讀書，在大阪賺錢，在神戶居住。神戶的宜居可窺一二。這裡依山傍海，且山海就在城裡；東西人文交融，中華街和舊居留地僅一街之隔；美食豐富誘人，既有當天捕撈的新鮮海產，也有世界頂級的西式餐食；經濟與文化並重，港口工業帶蔚為壯觀，各大展覽館也常年人流如織。

而兵庫的魅力就在於既有神戶這樣的洋氣城市，也保留了日本傳統的人文歷史。在神戶的一年，我的足跡幾乎踏遍了兵庫縣，靠日本海的兵庫北，陶藝之鄉丹波，海鮮小鎮明石，世界遺產姬路城，都是我流連忘返的地方，而寶塚歌劇團的表演，有馬溫泉的愜意，六甲山的夜景，幾乎成了我向朋友介紹兵庫的必備話題，每每如數家珍。

去神戶工作前，我最喜歡的日本城市是京都，因為古都的韻味；工作結束後，我最喜歡的城市變成了神戶。感情深只是一方面，它也的確很好，這個好有很大一部分因素在於生活節奏不緊不慢，

是真正意義上的「生活」，是每個人都享受其中的「生活」。

神戶有家非常出名的麵包房「サ　マーシュ」，早上七點一開門，客人們就陸續來買麵包，開始一天的生活。通常到下午，麵包就所剩無幾。店主不會為了銷量把自己逼到身體極限，每週還休息兩天。

我常常來這裡買好吃的麵包，因為主廚西川功晃是全日本都很出名的麵包師。他每天都親手製作每一個麵包，對食物負責，對客人負責，也對自己的藝術品負責。通過這裡，我又知道了神戶很多好地方，日本料理店「玄齊」，芝士專門店「Flomagerie Miu」，西班牙餐廳「Ca sento」等，它們是我融入神戶生活的媒介，也是我和神戶人建立聯繫的交點。

無論 Brunch 還是下午茶，大家願意為了一塊精緻的蛋糕，一杯神清氣爽的咖啡，放慢腳步，悠閒相聚交談。時光好美好慢，天空好近好藍，定格成了我對神戶難以磨滅的畫面。

或許是這裡的生活太美好，這裡的人也總是溫和友善。

辦公室裡，我和同事們相處愉悅，工作上相互幫助，偶爾閒談會教我很多關於日本關於神戶的小知識。我和書中提到的淺田小姐至今聯繫密切，她每次來廣州出差我們都會見面，平時也常常網上請教對方不明白的小問題。

豐富的生活讓我交到了一些好朋友，最感動的是健身房認識的吉田奶奶。她 80 歲了，一個人生活，每天堅持去健身房的游泳池走一走。我和她偶爾在健身房遇到，閒聊幾句，她時不時送我小禮

物，手作味增醬料、編製的手套帽子、杯墊等，我也常常給她各種點心作為回禮。健身房前台成了我們交換禮物的寄存處，也見證了我們的「忘年交」。

回國後的兩年，我和吉田奶奶仍舊保持書信往來，我也在廣州重逢了來旅遊的中文角「學生」，來出差的辦公室同事，在香港見了轉機的澳洲交流員，還有特意來找我的朋友們。故人相見，講起神戶的往事，恍若昨日。

在神戶的時間太美妙，我忍不住想記錄發生的一切，斷斷續續在網上更新，有幸被香港中和出版有限公司的編輯看到。編輯說，寫日本公務員題材的作品很少見，會是個有趣的選題。這對我來說實在是意外的驚喜，我寫的時候，完全沒有想到日後可以整理成書。我想，這應該是神戶給我帶來的好運。

離開神戶時，我得到了日本外務省頒發的「JET 絆大使」、兵庫縣政府頒發的「兵庫縣廣東省友好親善大使」的稱號。雖然不在兵庫縣廳工作了，但每次在廣州接待日本朋友，或者和國內朋友介紹兵庫、神戶的時候，我都感覺到，交流工作遠沒有到終點，這是我可以一輩子去做的事情。

這本《我在日本做公務員》，是交流員工作的總結，是我寶貴的人生財富，也是中日交流的小小橋樑。這次藉出版的機會，向更多人介紹我眼中的兵庫縣、神戶市，不失為一件好事。那些在神戶感受的美好，我也想傳遞給更多人，希望大家去那裡看一看、走一走。

非常感謝香港中和出版有限公司的 Ivy 編輯，成為這本書的

「伯樂」，中間經過很多溝通，我們最終選定了成書的篇目；也非常感謝本書的插畫師一同，每天下班後加班與我斟酌插圖細節，盡可能完善插圖效果，還原真實場景。

同時感謝為本書作序的兩位老師，旅日作家唐辛子老師和我的碩士指導老師邱雅芬教授。寫作過程中，我經常受到兩位老師的鼓勵，才有了繼續寫下去的動力。

但最感謝的是我先生，感謝他給我追尋夢想的機會，並在那一年間多次來日，和我一起深入了日本很多地方，成了兩人的專屬回憶。

這本書是我出版的第一本書，修改過程中，我發現了自己兩年前文筆的稚嫩，偶爾也有不成熟的想法，但都是我在彼時彼地的真實感受。希望讀者通過我的筆端對日本有更多了解，也歡迎大家指正，讓我在今後的創作中有更大進步。

高璐璐

2019 年 5 月 20 日於廣州

責任編輯	許琼英	
書籍設計	彭若東	
排　版	肖　霞	
印　務	馮政光	

書　名	我在日本做公務員
作　者	RORO
出　版	香港中和出版有限公司 Hong Kong Open Page Publishing Co., Ltd. 香港北角英皇道 499 號北角工業大廈 18 樓 http://www.hkopenpage.com http://www.facebook.com/hkopenpage http://weibo.com/hkopenpage
香港發行	香港聯合書刊物流有限公司 香港新界大埔汀麗路 36 號 3 字樓
印　刷	中華商務彩色印刷有限公司 香港新界大埔汀麗路 36 號中華商務印刷大廈
版　次	2019 年 7 月香港第 1 版第 1 次印刷
規　格	32 開（140mm×200mm）272 面
國際書號	ISBN 978-988-8570-65-2

© 2019 Hong Kong Open Page Publishing Co., Ltd.
Published in Hong Kong

本書由豆瓣閱讀授權本公司在中國內地以外地區出版發行。